Glutenfrei Backen

Hannah Miles

Glutenfrei Backen

60 herzhafte Rezepte

Fotografien von William Reavell

Erstmals veröffentlicht 2013 von Ryland Peters & Small Limited Incorporation CICO BOOKS, 20–21 Jockey's Field, London WC 1R 4BW
Titel der englischen Originalausgabe: *the savoury gluten-free baker – 60 delicious recipes for the gluten intolerant*

Fotografie: William Reavell
Foodstyling: Bridget Sargeson, Jack Sargeson
Requisite: Lisa Harrison
Design: Iona Hoyle
Art Director: Leslie Harrington
Projektleitung: Patricia Harrington
Lektoratsleitung: Julia Charles
Lektorat: Rebecca Woods
Indexer: Hilary Bird

Übersetzung: Christina Stüttgen, München
Lektorat: Susanne Kraus, Oliver Maute, Kolbermoor
Umschlagsgestaltung: Anja Winteroll, Hamburg
Gesamtproduktion: mcp concept, Kolbermoor/Rosenheim

Printed in China
ISBN 978-3-86528-144-9

www.umschau-buchverlag.de

Mehr Informationen zum Thema Zöliakie erhalten Sie bei der Deutschen Zöliakie-Gesellschaft e. V. (DZG): www.dzg-online.de

Inhalt

Einleitung

Die positive Resonanz auf mein erstes Glutenfrei-Backbuch macht mich unglaublich stolz, und ich war überwältigt vor Freude, als ich gebeten wurde, ein zweites Buch hierüber zu schreiben.

Diese Rezepte zu entwickeln und gleichzeitig zu wissen, welche Bedeutung sie für Menschen mit einer Gluten- oder Weizenunverträglichkeit haben, war eine große Herausforderung und hat mir unglaublich viel Spaß gemacht – auch in den Fällen, in denen sich bestimmte Rezepte als äußerst kniffig erwiesen haben! Das Ergebnis ist eine Sammlung herzhafter Gerichte, die leicht selbst zubereitet werden können und zu den Speisen gehören, die man normalerweise bei einer glutenfreien Ernährung am meisten vermisst.

Die Diagnose einer Glutenunverträglichkeit oder Weizenallergie kann sehr entmutigend sein, da Weizen und Gluten in der heutigen Küche extrem häufig vorkommen. All die üblichen schnellen Mittag- und Abendessen, wie belegte Brote oder Nudelgerichte, erscheinen anfangs problematisch – nicht zuletzt, weil die glutenfreien Alternativprodukte aus dem Supermarkt fast nie so gut schmecken, wie ihre Entsprechungen mit Gluten. Ich selbst habe zwar keine Glutenunverträglichkeit, aber eine meiner besten Freundinnen, Lucy, hat eine Weizenallergie. Daher weiß ich aus nächster Nähe, wie schwierig es sein kann, mit einer glutenfreien Ernährungsweise zurechtkommen zu müssen.

Bevor ich mein erstes Backbuch zu diesem Thema geschrieben habe, um Lucy dabei zu helfen, neue Rezepte für ihre Ernährungsumstellung zu finden, habe ich zahlreiche Bücher zum glutenfreien Kochen und Backen gelesen. Bei den meisten Rezepten musste man zuerst viele verschiedene Mehlsorten selbst zusammenmischen, und sie enthielten auch zahlreiche Zutaten, die sich nicht einfach so in jedermanns Vorrat befinden. Es fehlten eindeutige Erklärungen, welche Mehlsorten zu verwenden waren oder wie viel davon. Kurz gesagt, das Ganze war sogar für eine versierte Bäckerin wie mich eher abschreckend. Wonach ich suchte, waren solide Basisrezepte mit vertrauten Zutaten, wie glutenfreiem Mehl, glutenfreiem Backpulver, Polenta und Ähnlichem.

Fertigmischungen scheinen mir dabei die einfachste Lösung zu sein, da so das umständliche Mischen verschiedener glutenfreier Sorten, wie Tapioka-, Kartoffel- oder Reismehl, entfällt. Außerdem kann man davon ausgehen, dass die Mehlmischungen namhafter Hersteller und Anbieter regelmäßig auf ihre Glutenfreiheit hin überprüft werden. Dank dieser Fertigmehlsorten kann man genauso backen wie mit herkömmlichem Mehl – und die Ergebnisse sind erstklassig. Es sollten immer zwei, drei Pakete zu Hause vorrätig sein, damit man jederzeit köstliche glutenfreie Brote, Kuchen und andere Leckereien backen kann. Natürlich ist es auch wichtig, die Eigenschaften der jeweils verwendeten Mehlsorten zu verstehen und einige weitere Zutaten zur Hand zu haben, um den Backwaren die nötige Feuchtigkeit zu geben und ihnen Geschmack zu verleihen. Nicht alle glutenfreien Mehlsorten verhalten sich gleich, und einige benötigen mehr Flüssigkeit als andere.

Fast alle Menschen, die sich glutenfrei ernähren müssen – zumindest die, die ich kenne –, wollen mit ihrer Ernährungsproblematik nicht auffallen. Sie möchten einfach, dass ihnen „normale" Gerichte serviert werden, ohne dabei das Gefühl haben zu müssen, damit dem Koch oder den anderen Gästen Unannehmlichkeiten zu bescheren.

Das Ziel dieses Buchs ist daher ganz klar: herzhafte Speisen so lecker zuzubereiten, dass man ihnen die Glutenfreiheit nicht anmerkt. Die Rezepte wurden so entwickelt, dass sie der ganzen Familie schmecken, auch den Mitgliedern, die Gluten vertragen. So müssen nicht zu jedem Anlass zwei verschiedene Gerichte zubereitet werden.

Ich hoffe, dass dieses Buchs die nötigen Tipps und die entsprechende Sicherheit vermittelt, leckere Tartes, Pasteten und Brote für einfache Abendessen, Picknicks, aber auch für elegante Partys zu zaubern. An die Rührschüsseln – fertig – backen wir los!

Was ist Zöliakie?

Bei der Zöliakie handelt es sich um eine chronische Erkrankung des Dünndarms, wodurch die Nährstoffe aus glutenhaltigen Nahrungsmitteln nur schlecht aufgenommen werden. Durch die Zöliakie kommt es bei den Betroffenen aufgrund falscher Ernährung zu großem Unwohlsein und Energiemangel sowie zu Bauchweh und anderen Unpässlichkeiten. Bis jetzt gibt es keine Heilung für diese Krankheit, bei angemessener, glutenfreier Ernährung kann man jedoch wirklich gut mit ihr leben. Es ist sehr wichtig, dass jeder, der eine Empfindlichkeit gegen Gluten an sich wahrnimmt, ärztliche Hilfe in Anspruch nimmt und feststellen lässt, ob Zöliakie oder eine allergische Reaktion auf Gluten oder Weizen vorliegt. Die Symptome sind von Mensch zu Mensch unterschiedlich – manche können bestimmte Zutaten beschwerdefrei zu sich nehmen, die für andere problematisch sind. In diesem Zusammenhang müssen verschiedene medizinische Tests durchgeführt werden, um herauszufinden, welche Nahrungsmittel sorglos verzehrt werden können. Für meine Freundin Lucy war es ein stetiger Lernprozess, aber nach einigen Monaten wusste sie genau, welche Schokoladesorten und Papadams (indische Fladen aus Kichererbsen-, Linsen- oder Bohnenmehl) sie essen darf, und welche Brühwürfel sie verwenden kann, die kein Gluten enthalten. Manchmal geht die Zöliakie auch mit anderen Allergien einher, und eventuell stellt man fest, dass auch glutenfreie Produkte Unwohlsein hervorrufen. Ein typisches Beispiel dafür ist die Laktoseintoleranz, wobei diese üblicherweise nur vorübergehend auftritt. Mit der Zeit gewinnt man an Erfahrung und lernt die eigenen Grenzen genau kennen. Besonders ein Ernährungstagebuch kann zu Beginn äußerst hilfreich dabei sein, herauszufinden, welche Nahrungsmittel Probleme bereiten.

Gluten ist zu unterschiedlich hohen Anteilen in Weizen, Roggen, Dinkel, Gerste sowie Hafer enthalten. Manche Menschen mit einer Glutenunverträglichkeit können jedoch nicht kontaminierten, d. h. nicht mit Gluten „verunreinigten" und gesondert für Zöliakiebetroffene angebauten und verarbeiteten, Hafer zu sich nehmen. Da dieser eine abwechslungsreiche Grundzutat beim Backen darstellt, ist er in einigen Rezepten dieses Buches enthalten. Um ganz sicherzugehen, sollte man jedoch stets darauf achten, nur Haferprodukte zu kaufen, die eindeutig als „glutenfrei" gekennzeichnet sind. Natürlich sollte man bei solchen Rezepten vorher immer klären, ob derjenige, für den man backt, Hafer auch wirklich verträgt.

Der Umgang mit einer glutenfreien Ernährung

Während es relativ einfach ist, Speisen zu vermeiden, die ganz offensichtlich Weizen und Gluten enthalten (wie normale Brote, Kuchen und Nudeln), so gibt es leider auch Produkte, von denen man nicht erwartet, dass sie Spuren von Gluten beinhalten. Es ist daher erforderlich, die Zutatenlisten auf Verpackungen sorgfältig zu lesen oder sich an den jeweiligen Hersteller zu wenden, um sicherzugehen, dass es sich wirklich um ein glutenfreies Produkt handelt. Heutzutage sind glücklicherweise viele Produkte bereits klar als „glutenfrei" gekennzeichnet, was das Leben sehr viel einfacher macht.

Absolut zu vermeiden sind alle Formen von Weizen, Gerste, Roggen und Dinkel. Das bedeutet, dass normale Mehlsorten und Brote nicht infrage kommen, genauso wenig typische Getreideprodukte wie Bier und Nudeln. In gut sortierten Supermärkten und Reformhäusern steht heutzutage jedoch auch eine gute Auswahl an glutenfreien Broten, Nudeln und Biersorten zur Verfügung.

Gluten ist häufig Bestandteil von Prozessen der Nahrungsmittelindustrie, unter anderem auch bei Fertiggerichten und industriell verarbeiteten Lebensmitteln. Bereits eine geringe Menge an Weizen, beispielsweise als Verdickungsmittel in einer Sauce, kann zu großen Beschwerden führen – hier hilft ein Überprüfen der Etiketten, Problemzutaten zu identifizieren. Auch mit Semmelbröseln oder Paniermehl zubereitete Produkte sind für Menschen mit einer Glutenunverträglichkeit ungeeignet. Eine große Anzahl an Produkten, die früher ausschließlich mit Gluten erhältlich waren, wie beispielsweise Backpulver, wird heute auch als glutenfreie Variante angeboten. Trotz allem sollte man auch hier stets die Zutatenlisten sorgfältig durchlesen.

Man muss in allen Zubereitungsphasen stets äußerste Vorsicht walten lassen. Es geschieht schnell, dass man etwas aus dem Vorratsschrank holt und einem Rezept hinzufügt, ohne vorher nachgeschaut zu haben, ob darin Gluten enthalten ist – mir ist das selbst bereits einige Male beinahe passiert, doch zum Glück noch immer rechtzeitig aufgefallen. Mit etwas Übung wird man mit der Zeit damit vertrauter werden, welche Zutaten sicher sind und welche nicht. Der beste Ratschlag ist, sich vor der eigentlichen Zubereitung stets ein wenig Zeit zu nehmen. So kann man – bevor man mit dem Backen beginnt– alle Zutaten in Ruhe zusammenstellen und überprüfen, ob sie wirklich unbedenklich sind.

Zu den Produkten, bei denen es weniger offensichtlich ist, dass sie Gluten enthalten, gehören:

Trennmittel – Diese sollen das Klumpen und Kleben von Zutaten bei der Lebensmittelherstellung vermeiden und können Spuren von Weizen enthalten. Trennmittel sind häufig in Produkten wie Hart- und Schmelzkäse enthalten, aber man findet sie auch in Puderzucker und Trockenfrüchten.

Hefe – Bestimmte Trockenhefen enthalten Weizen als Füllmittel. Will man sicher glutenfrei backen, muss man entweder frische Hefe oder glutenfreie Trockenhefe verwenden. Beides ist in den meisten Supermärkten oder im Reformhaus erhältlich.

Backpulver – Auch einige Backpulver enthalten Weizen. Zahlreiche Hersteller verwenden heutzutage immer häufiger Reis- anstatt Weizenmehl, daher ist glutenfreies Backpulver meist auch im Supermarkt erhältlich.

Malzprodukte – Malzgetränke sollten grundsätzlich vermieden werden, da sie weizenhaltig sind. Malzextrakt hingegen ist in der Regel in geringen Mengen verträglich, beispielsweise in Müslis. Malzessig eignet sich ebenfalls, da während der Fermentierung das Protein größtenteils abgebaut wird und die verbleibenden Restspuren von der Mehrheit der Zöliakiebetroffenen vertragen werden.

Sojasauce und Worcestershiresauce – Auch hier ist Gluten enthalten, daher nur glutenfreie Produkte verwenden. Tamari-Sojasaucen sind häufig glutenfrei.

Industriell verarbeitete Fleisch- und Wurstwaren – Oftmals finden sich Weizenspuren in Würsten, Brät, Salamis und Pasteten, man muss sich also gut über die Inhaltsstoffe informieren. Bei Rezepten, die Brät beinhalten wie bei den Wurströllchen auf den Seiten 80 und 84, ist es ratsam, glutenfreie Bratwürste zu kaufen und deren Haut zu entfernen. Die meisten Fertigbrätsorten, die ich gefunden habe, enthielten Gluten, da die Fleischmasse mit Semmelbröseln angereichert wurde.

Fertigsaucen, Saucenpulver, Brühe (gekörnt und flüssig) sowie Gewürzpulver – Diese Produkte enthalten häufig Weizen als Füllmittel, also auch hier gilt es, das Etikett zu lesen.

Instantkaffee – Bestimmte Marken enthalten Weizen als Füllmittel. Alternativ kann man frisch gemahlenen Kaffee nehmen, wie er für Espresso oder Filterkaffee verwendet wird, da dieser in der Regel glutenfrei ist.

Saure Sahne – Bei einigen Marken werden Stabilisatoren zugesetzt, die Gluten enthalten könnten. Die Webseiten der jeweiligen Hersteller geben in der Regel Auskunft, welches Produkt „rein" und damit glutenfrei ist.

Diese Liste ist nicht vollständig, aber sie vermittelt einen guten ersten Eindruck darüber, wie wichtig genaue Kontrollen der Zutatenlisten sind, wenn man für Menschen mit einer Glutenunverträglichkeit kocht.

Glutenfreies Backen

Der Schlüssel des Erfolgs liegt beim glutenfreien Backen darin, die Zutaten und deren Eigenschaften zu verstehen. Gluten verleiht Brot- und Gebäckteigen unter anderem Geschmeidigkeit. Den glutenfreien Ersatzprodukten fehlt diese Eigenschaft, daher müssen sie auf eine etwas andere Art verwendet werden. Ein Vorteil ist, dass durch die fehlende Geschmeidigkeit der Teige diese in der Regel nur wenig geknetet werden müssen. Allgemein gesagt benötigen glutenfreie Teige weitaus mehr Flüssigkeit als Rezepte mit Weizenmehl, und wenn sie zu trocken sind, kann das Endergebnis sehr bröselig ausfallen und beim Anschneiden zerfallen. Das Hinzufügen von Naturjoghurt, Buttermilch oder saurer Sahne schafft hier generell Abhilfe, und bei Pastetenteigen kann man Käse, Frischkäse oder Eigelb als Bindemittel verwenden.

Fehlt einem Pastetenteig die Geschmeidigkeit, kann er sehr krümelig werden und bedarf daher einer sehr sorgfältigen Verarbeitung. Anstatt große Vierecke auszurollen, die beim Anheben schnell zerbröckeln, ist es am besten, wenn man kleine Teigstücke direkt in die entsprechende Backform drückt, bis deren Inneres komplett mit einer dünnen Lage Teig bedeckt ist. Sollte der Teig reißen, ist dies kein Grund zur Sorge, man kann Risse einfach mit Teigresten flicken – nach dem Backen sieht man das dann gar nicht mehr. Glutenfreie Mürb- und Brandteige gelingen wirklich hervorragend und liefern so gute Ergebnisse, dass man das Gluten gar nicht vermisst.

Bei den Pasteten sowie dem Beef Wellington auf Seite 112 wird für den Teig als Alternative zu Butter gehärtetes Pflanzenfett (z. B. Palmin) verwendet. Damit der Teig nicht zu klebrig wird, sollte man das gekühlte Pflanzenfett grob reiben und mit glutenfreiem Mehl leicht bestäuben. Das bemehlte Palmin etwa 60 Minuten in das Tiefkühlfach stellen und dann direkt tiefgekühlt verwenden. Der Teig bindet dadurch besser und bricht beim Backen nicht so stark. Auf diese Weise kann man sichergehen, dass die Pastete bzw. das Beef Wellington perfekt vom Teig umschlossen wird.

Einige glutenfreie Mehle haben eine leicht bittere Note, die den feinen Geschmack mancher Backwaren verderben kann. Die einfachste Methode, dies zu umgehen, ist es, jedes Rezept so würzig wie möglich zu gestalten.

Die Vorratskammer für glutenfreies Backen

Um wirklich erfolgreich glutenfrei zu backen, benötigt man einige unerlässliche Grundzutaten. Die für die Rezepte dieses Buches notwendigen sind nachfolgend zusammengefasst. Hat man damit dann einige Erfahrung gesammelt, lässt sich auch mit anderen Rezepten gut experimentieren.

Glutenfreie Mehlmischungen – heutzutage bieten Supermärkte und Reformhäuser eine große Auswahl an glutenfreien Mehlsorten an. Für den Anfang sind Fertigmischungen ideal. Sie sind je nach Verwendungszweck bereits im richtigen Verhältnis gemischt und liefern dadurch beste Backergebnisse. Es gibt fertige Mehlmischungen für helles und dunkles Brot, Kuchen, Gebäck und vieles mehr. Wenn man kein glutenfreies Brotmehl findet, kann man auch normales glutenfreies Mehl verwenden und pro 125 g Mehl als Bindemittel 1 ½ TL Xanthan beimischen.
Auch wenn man mit Brotmehl sicherlich die besten Ergebnisse erzielt, da es speziell für Brot optimiert wurde, kann man die Rezepte des Buchs mit dieser Eigenmischung ebenfalls hervorragend nachbacken. Natürlich kann man auch seine eigene Mischung aus Reis-, Kartoffel- und Maismehl herstellen.

Kichererbsenmehl – Dies wird aus gemahlenen Kichererbsen hergestellt und findet vor allem in der indischen Küche Verwendung. Italienisches Kichererbsenmehl, oder *farina di ceci*, kann als Ersatz verwendet werden.

Maisstärke – Diese wird aus fein gemahlenen Maiskörnern hergestellt und ist vor allem für Saucen ein exzellentes Verdickungsmittel.

Polenta/Maismehl – Hierbei handelt es sich um eine sehr nützliche Grundzutat zum glutenfreien Backen. Polenta kann in Wasser aufgelöst werden und ergibt eine dicke Paste, die herzhaften Muffins und Broten eine fantastische goldene Farbe, weiche Textur und viel Geschmack verleiht. Feines Maismehl ähnelt von der Konsistenz her eher normalem Mehl und kann ebenfalls für Brote und Muffins verarbeitet werden.

Quinoamehl – Dieses Mehl hat eine hervorragende Konsistenz und wird aus gemahlenen Quinoakörnern hergestellt, die nicht nur glutenfrei, sondern auch sehr nahrhaft sind. Es eignet sich vor allem für Nudelteig. Da es ziemlich intensiv riecht – es erinnert ein wenig an Arznei – verwende ich es stets in Kombination mit anderen Mehlsorten.

Ondhwamehl – Dieses indische Mehl wird aus gemahlenen Reiskörnern und Linsen hergestellt und ist in asiatischen Supermärkten sowie über das Internet erhältlich. Sollte man dieses Mehl dennoch nirgends bekommen, kann man online auf zahlreiche Rezepturen zurückgreifen, um es selbst herzustellen.

Hafermehl – Dieses wird aus fein gemahlenen Haferflocken erzeugt. Da Hafer Spuren von Gluten enthalten kann, ist es wichtig, sicherzustellen, dass der Betreffende Hafer essen darf und dann nur glutenfreies Hafermehl zu verwenden. Hafermehl ist im Reformhaus und online erhältlich.

Haferflocken – Nicht alle Menschen mit einer Glutenunverträglichkeit können Haferflocken essen. Das Protein in Haferflocken ähnelt dem Gluten und kann daher für einige Zöliakiebetroffene problematisch sein. Im Zweifelsfall sollte man die Flocken besser weglassen. Nichtsdestotrotz gibt es viele Menschen mit einer Glutenunverträglichkeit, die Haferflocken vertragen – man muss jedoch sicherstellen, dass keine Kontaminierung mit anderen Zerealien besteht.

Mandelmehl und gemahlene Mandeln – Bei Mandelmehl handelt es sich um ein grob gemahlenes Mehl, das die Häute der Mandeln beinhaltet und dadurch eine etwas dunklere Farbe erhält. Gemahlene Mandeln dagegen werden vor dem Mahlvorgang blanchiert und gehäutet. Ihr feiner Eigengeschmack bietet viel Raum für andere Aromen. Sie sind zum glutenfreien Backen sehr gut geeignet, da sie Kuchen viel Feuchtigkeit verleihen. Man kann die ungehäuteten oder gehäuteten Mandeln auch gut selbst mahlen. Bei fertig gemahlenen Mandeln muss man die Zutaten überprüfen, da einige niedrigpreisige Sorten Semmelbrösel (und somit Gluten) als Füllmittel enthalten.

Glutenfreies Backpulver – Hierbei handelt es sich um ein essenzielles Treibmittel, das dafür sorgt, dass Kuchen und Brote beim Backen aufgehen.

Xanthan – Das glutenfreie Backmittel zum Binden, Verdicken und Stabilisieren von Zutaten eignet sich ideal für zahlreiche Teigarten. Xanthan wird durch die Fermentierung von Traubenzucker mithilfe von Mikrobakterien gewonnen und in der Lebensmittelindustrie sehr häufig verwendet.

Natürliche Aromastoffe – Aromastoffe sind ideal, um den gewöhnungsbedürftigen Geschmack mancher glutenfreier Mehle zu kaschieren. Für die Rezepte dieses Buchs habe ich Trüffelöl, getrocknete Pilze, Parmesan, schwarzen Pfeffer und Senf benutzt. Auch hier gilt: überprüfen, ob der Aromastoff glutenfrei ist.

Molkereiprodukte – Diese sind aufgrund der krümeligen Beschaffenheit glutenfreier Teige und Mischungen für das glutenfreie Backen unersetzlich. Die in diesem Buch enthaltenen Rezepte verwenden Buttermilch, Naturjoghurt und saure Sahne. Auch hier muss man die Produktetiketten studieren, da einige Sahnesorten je nach Herstellungsverfahren Spuren von Gluten enthalten können. Wer mag, kann seine eigene saure Sahne herstellen, indem der Saft einer Zitrone mit 300 g Crème double vermischt wird.

Eier – Eier enthalten kein Gluten und werden in zahlreichen Rezepten dieses Buchs verwendet.

Butter und Fette – Einige Margarinen können Gluten enthalten, daher verwendet man am besten bei allen Rezepten Butter, um glutenfrei zu bleiben.

Alkohol – Bier ist normalerweise zu meiden, es gibt aber mittlerweile einige Sorten, die glutenfrei sind. Einige Whiskysorten (und Whiskyliköre mit Sahne) können durch die Zugabe von Zuckerlikör zur Färbung Spuren von Gluten enthalten, reiner Whisky ist jedoch glutenfrei. Vor dem Verwenden von Alkohol sollte man beim Hersteller nachfragen, um sicherzugehen, dass ein Produkt völlig glutenfrei ist.

Kontamination vermeiden

Eine der wichtigsten Voraussetzungen für erfolgreiches glutenfreies Backen ist die Vermeidung von Kontaminationen zwischen glutenfreien und glutenhaltigen Lebensmitteln. Wenn ein Familienmitglied kein Gluten verträgt, ist es am sichersten, sämtliche glutenhaltigen Produkte aus dem Haushalt zu entfernen. Natürlich ist dies die effektivste Art, Kontaminationen zu vermeiden, aber ich bin mir auch bewusst, dass ein solch radikales Vorgehen nicht immer praktikabel ist. Wenn ein vollständiges Entfernen also nicht möglich ist, sollten die glutenfreien Produkte in luftdicht verschlossenen Behältnissen an einem anderen Ort als die glutenhaltigen Lebensmittel gelagert werden. Damit keine Verwirrung entstehen kann, was nun glutenfrei ist und was nicht, sollten alle Behälter eindeutig beschriftet sein.

Wenn man zwischendurch mit herkömmlichem Mehl backt, werden sich kleine Partikel in der Küche absondern, die auf Küchenzubehör, Arbeitsflächen und auch Handtüchern landen und diese mit Spuren von Gluten verunreinigen. Es ist daher sehr wichtig, dass vor dem glutenfreien Backen jegliches Zubehör, alle Arbeitsflächen und sämtliche Kochutensilien gründlich abgewischt werden und stets mit frischen Küchenhandtüchern sowie sauberen Schürzen gearbeitet wird. Bereits kleinste Glutenmengen können bei Menschen mit einer Unverträglichkeit Beschwerden verursachen.

Auch Küchengeräte und Kochutensilien wie beispielsweise Toaster, Backpapier oder Kuchengitter können kontaminiert sein. Sogenannte Toastabags (teflonbeschichtete Kunststofftaschen) etwa helfen dabei, Toastscheiben vor Glutenverunreinigungen in Toastern zu schützen. Es kann auch überlegenswert sein, in Silikonbackmatten zu investieren, die man ausschließlich zum glutenfreien Backen einsetzt. Im Idealfall stehen separate Geräte und Utensilien speziell für glutenfreie Produkte zur Verfügung. Wichtig ist außerdem, niemals Messer und Löffel, die mit Gluten in Kontakt gekommen sind, für Butter, Aufstriche oder Marmeladen zu verwenden, um auch hier Verunreinigungen zu vermeiden.

Wo erhält man Hilfe?

Wenn der Verdacht besteht, an einer Glutenunverträglichkeit oder Zöliakie zu leiden, sollte man unbedingt einen Arzt aufsuchen. Liegt eine entsprechende Diagnose vor, stehen heutzutage zahlreiche Informationsquellen zur Verfügung, um Hilfe im täglichen Umgang mit der Krankheit zu erhalten. Die Deutsche Zöliakie-Gesellschaft e. V. (DZG) bietet Betroffenen beispielsweise umfangreiche Unterstützung und zahlreiche Ratschläge (siehe Seite 4). Auch regionale Selbsthilfegruppen haben sehr nützliche Tipps für einen glutenfreien Alltag parat. Weiterhin ist eine Vielzahl an Büchern zu diesem Thema erhältlich, und es stehen hervorragende Online-Communitys zur Verfügung. Besonders hilfreich sind Foren, da sich Zöliakiebetroffene dort austauschen und ihre Erfahrungen mit der Glutenfreiheit in allen möglichen Lebenslagen teilen können.

Muffins & Scones

Diese Muffins vereinen die Hauptbestandteile des klassischen englischen Frühstücks: Speck, Tomaten und obendrauf sogar ein kleines Spiegelei. Am besten schmecken die Muffins frisch aus dem Ofen, wenn sie noch warm sind. Zum Backen hohe Muffinpapierförmchen verwenden, die ein ganzes Ei aufnehmen können, und nicht zu viel Teig in die Förmchen geben, da das Ei sonst ausläuft.

Frühstücksmuffins

30 g Räucherspeck in Scheiben, kross gebraten
60 g weiche Butter
1 EL Zucker
1 großes Ei
40 g glutenfreies Mehl
½ TL glutenfreies Backpulver
¼ TL Xanthan
15 g gemahlene Mandeln
15 g feines Maismehl
15 g Crème fraîche oder saure Sahne
6 Kirschtomaten
6 kleine Eier
Meersalz und frisch gemahlener schwarzer Pfeffer

Muffinform mit 6 Vertiefungen, ausgelegt mit hohen Papierförmchen

Ergibt 6 Muffins

Backofen auf 180 °C vorheizen.

Zum Garnieren der Muffins sechs kleine Streifen Speck aufheben, restlichen Speck in der Küchenmaschine fein hacken.

Butter, Zucker, das große Ei und den gehackten Speck in einer Schüssel verrühren. Mehl, Backpulver, Xanthan, Mandeln, Maismehl und Crème fraîche hinzufügen und alles gut miteinander vermischen. Mit Salz und Pfeffer würzen.

Die Kirschtomaten halbieren. Einen Löffel der Teigmischung in die Papierförmchen füllen, jeweils mit zwei Tomatenhälften belegen und diese mit einem weiteren Löffel Teig bedecken. Vorsichtig eines der kleinen Eier in eine Schüssel aufschlagen und über einen der Muffins geben. Dabei darauf achten, dass das Ei nicht über den Rand der Form läuft (wenn das Förmchen kurz davor ist überzulaufen, etwas Eiweiß zurückhalten). Vorgang mit den restlichen fünf kleinen Eiern und Muffins wiederholen. Jedes Ei mit etwas schwarzem Pfeffer bestreuen und jeden Muffin mit einem Streifen des beiseitegestellten Specks belegen. Die Muffins im vorgeheizten Backofen 15–20 Minuten backen und sofort servieren.

Ganz normale englische Crumpets gehören zu den Dingen, die meine Freundin Lucy bei ihrer glutenfreien Ernährung am meisten vermisst. Wir haben verschiedene fertige Versionen der kleinen runden Hefekuchen probiert, aber niemals schmeckten diese Crumpets so gut wie die aus Weizenmehl. Dies ist unser eigenes Rezept und Lucys Meinung nach viel besser als die glutenfreien Crumpets aus dem Supermarkt.

Crumpets

1 EL Zucker
1 ½ Pck. glutenfreie Trockenhefe
400 ml Milch, leicht erwärmt
300 g glutenfreie Mehlmischung für helle Brotsorten
150 g glutenfreies Mehl
1 TL glutenfreies Backpulver
½ TL Natron
½ TL Salz
1 TL Vanilleextrakt
zerlassene Butter zum Einfetten

4 Dessertringe oder spezielle Crumpetringe (Ø 9 cm)

Ergibt 10–12 Crumpets

Zucker, Hefe, lauwarme Milch und 300 ml lauwarmes Wasser in eine Schüssel geben. Ungefähr 10 Minuten an einem warmen Ort quellen lassen, bis sich ein dicker Schaum auf der Flüssigkeit gebildet hat.

Die beiden Mehlsorten, Backpulver und Natron in eine große Rührschüssel sieben. Salz, Vanilleextrakt und die Hefemischung unterrühren. Die Schüssel mit Frischhaltefolie abdecken und 45 Minuten an einem warmen Ort gehen lassen, bis der Teig sein Volumen verdoppelt hat.

Dessertringe leicht mit Butter einfetten. Eine Bratpfanne ebenfalls mit Butter einfetten und bei mittlerer Temperatur erhitzen. Die Dessertringe in die Pfanne setzen und in jeden Ring eine kleine Schöpfkelle der Teigmischung füllen. 10 Minuten backen, bis sich Löcher auf der Oberfläche der Crumpets bilden. Anschließend die Ringe mit Topfhandschuhen entfernen. Die Crumpets wenden und weitere 5–10 Minuten backen, bis sie goldbraun und knusprig sind. Die fertigen Crumpets aus der Pfanne nehmen und den Vorgang mit dem restlichen Teig wiederholen.

Am besten schmecken die Crumpets warm, daher entweder sofort servieren oder später vor dem Servieren toasten. Sie lassen sich auch gut einfrieren und können dann, noch tiefgekühlt, in den Toaster gegeben werden.

Im Vereinigten Königreich sind Muffins flaches Hefegebäck, das getoastet gegessen wird. Zusammen mit Sauce hollandaise, pochierten Eiern und gekochtem Schinken wird es zum traditionellen Frühstücksklassiker.

Englische Muffins mit Eggs Benedict

Lauwarme Milch, Hefe und Zucker in eine Schüssel geben und ca. 10 Minuten an einem warmen Ort quellen lassen, bis sich dicker Schaum auf der Flüssigkeit gebildet hat.

Mehl, Backpulver und Xanthan in eine große Rührschüssel sieben. Salz, Ei, Joghurt und die geschmolzene Butter hinzufügen und mit einem Holzlöffel verrühren, bis ein geschmeidiger Teig entsteht. Diesen in sechs Portionen teilen.

Eine saubere Arbeitsfläche mit dem Maismehl bestäuben und die Teigportionen zu Kugeln rollen. Danach mit den Händen so formen, dass die Muffins oben und unten flach sind und eine Höhe von etwa 3 cm haben. Polenta auf die Muffins streuen und leicht andrücken, damit sie am Teig haftet. Backpapier mit Mehl bestäuben, die Muffins daraufsetzen und offen 45–60 Minuten an einem warmen Ort gehen lassen.

Wenn die Muffins aufgegangen sind, eine gusseiserne Pfanne oder Grillplatte auf hohe Temperatur erhitzen und dann mit etwas Butter leicht einfetten. Jetzt die Muffins in die Pfanne geben und die Hitze reduzieren. Die Muffins ca. 8–10 Minuten auf einer Seite backen, danach wenden und weitere 7–10 Minuten backen, bis sie auf beiden Seiten goldbraun sind.

Für die Sauce hollandaise in einem Topf Essig, Zitronensaft, Lorbeerblatt und etwas Pfeffer ca. 2 Minuten köcheln lassen, bis die Flüssigkeit ungefähr um die Hälfte reduziert ist. Das Lorbeerblatt herausnehmen und die Sauce mit Salz und Pfeffer würzen. Anschließend in einer Küchenmaschine mit dem Ei und den Eigelben vermischen. Die zerlassene Butter langsam und vorsichtig in die laufende Küchenmaschine zur Eimischung geben. Solange schlagen, bis die Sauce dicklich wird. Abschmecken und bei Bedarf noch etwas Zitronensaft, Salz und Pfeffer hinzufügen.

Vor dem Servieren Wasser in einem Topf zum Kochen bringen, Essig und Salz hinzufügen. Die Hitze reduzieren, sodass das Wasser nur noch leicht simmert. Ein Ei nach dem anderen in eine Tasse schlagen und vorsichtig in das Wasser gleiten lassen. Die Eier für 2–3 Minuten pochieren und dann mit einem Schaumlöffel aus dem Wasser nehmen. Die Eier sollten weiches, goldgelbes Eigelb haben – daher nicht zu lange kochen.

Während die Eier kochen, die Muffins quer durchschneiden und toasten, bis sie goldbraun sind. Jede der Muffinhälften mit einer Scheibe Schinken und einem pochierten Ei belegen, etwas warme Sauce hollandaise darübergeben, salzen, pfeffern und sofort servieren.

150 ml Milch, leicht erwärmt
1 ½ Pck. glutenfreie Trockenhefe
1 EL Zucker
300 g glutenfreie Mehlmischung für helle Brotsorten
1 TL glutenfreies Backpulver
1 TL Xanthan
1 TL Salz
1 Ei, verquirlt
80 g Naturjoghurt
60 g Butter, zerlassen und abgekühlt
feines gelbes Maismehl und Polenta zum Bestreuen

Für die Sauce hollandaise

1 EL Weißweinessig
Saft von 1–1 ½ Zitronen
1 Lorbeerblatt
1 ganzes Ei zzgl. 2 Eigelb
190 g Butter, zerlassen und abgekühlt
Meersalz und frisch gemahlener schwarzer Pfeffer

Zum Servieren

1 TL Weißweinessig
6 Eier
6 dicke Scheiben gekochter Schinken
Meersalz

Ergibt 6 Portionen

Diese Muffins voller Tomaten sind köstlich herzhafte Snacks und eignen sich ideal als Begleiter für schmackhafte Suppen und knackige Salate. Der Feta und das frische Basilikum verleihen ihnen das gewisse Etwas und wecken Erinnerungen an sonnige Tage am Mittelmeer.

Tomaten-Feta-Muffins mit Basilikum

330 g glutenfreies Mehl
4 TL glutenfreies Backpulver
2 TL Xanthan
1 TL Natron
250 ml Milch
250 g Naturjoghurt
2 Eier
100 g Butter, zerlassen und abgekühlt
2 EL Tomatenmark
160 g getrocknete Tomaten in Öl, abgetropft und gehackt
1 EL des Tomatenöls
200 g Feta, in kleine Stücke gehackt
3 EL frisch gehacktes Basilikum
Meersalz und frisch gemahlener schwarzer Pfeffer

mehrere Muffinformen, ausgelegt mit 16 Papierförmchen

Ergibt 16 Muffins

Backofen auf 180 °C vorheizen.

Mehl, Backpulver, Xanthan und Natron in eine große Rührschüssel sieben. In einer zweiten Schüssel Milch, Joghurt, Eier, zerlassene Butter und Tomatenmark vermengen und anschließend zur Mehlmischung geben. Alles gut miteinander verrühren und mit Salz und Pfeffer würzen. Tomaten, Tomatenöl, Feta und Basilikum hinzufügen und unterheben.

Die Masse gleichmäßig auf die Mulden der Muffinformen verteilen und darauf achten, dass einige Stückchen Käse und getrocknete Tomaten oben auf den Muffins sitzen. Im vorgeheizten Backofen die Muffins 20–30 Minuten backen, bis sie goldbraun sind. Warm oder kalt servieren.

Die Muffins halten sich in einem luftdichten Behälter bis zu zwei Tage. Sie können aber auch tiefgekühlt und dann vor dem Servieren aufgetaut und erwärmt werden.

Diese köstlichen Muffins sind die perfekte Beilage für Suppen. Dank der Mischung aus pürierten und ganzen Maiskörnern sind sie herrlich saftig und intensiv im Geschmack.

Maismuffins

Backofen auf 180 °C vorheizen.

Mehl, Backpulver, Xanthan und Natron in eine Rührschüssel sieben und das Maismehl einrühren.

Die Hälfte der Maiskörner mit der Küchenmaschine zu einer weichen Masse pürieren und zur Mehlmischung geben.

In einer zweiten Schüssel Milch, Eier, Crème fraîche und zerlassene Butter verrühren und zum Teig geben. Alles gut miteinander mischen, Zucker hinzufügen und mit Salz und Pfeffer abschmecken. Den Großteil der beiseitegestellten Maiskörner einrühren, einen kleinen Rest zurückbehalten.

Den Teig in die Muffinformen füllen und mit dem übrigen Mais bestreuen. Im vorgeheizten Backofen 25–30 Minuten backen, bis die Muffins goldbraun sind. Warm oder kalt servieren.

Die Muffins halten sich in einem luftdichten Behälter bis zu zwei Tage. Sie können aber auch tiefgekühlt und dann vor dem Servieren aufgetaut und erwärmt werden.

200 g glutenfreies Mehl
2 ¾ TL glutenfreies Backpulver
1 ¼ TL Xanthan
1 TL Natron
50 g feines Maismehl
330 g abgetropfte Maiskörner aus der Dose
150 ml Milch
2 Eier
60 g Crème fraîche oder saure Sahne
100 g Butter, zerlassen und abgekühlt
1 EL Zucker
Meersalz und frisch gemahlener schwarzer Pfeffer

2 Muffinformen, ausgelegt mit 16 Papierförmchen

Ergibt 16 Muffins

Die Stampfkartoffeln machen diese Muffins herrlich weich und saftig. Salbei ist sehr geschmacksintensiv – wer das nicht mag, kann auch zwei Esslöffel fein gehackten Schnittlauch verwenden und diesen zusammen mit der zerlassenen Butter den Kartoffeln hinzufügen.

Salbei-Kartoffel-Muffins

400 g Kartoffeln
15 kleine Salbeiblättchen
165 g Butter
1 EL Zucker
2 Eier
115 g glutenfreies Mehl
3 TL glutenfreies Backpulver
¾ TL Xanthan
30 g Crème fraîche oder saure Sahne
Meersalz

Muffinform mit 12 Vertiefungen, ausgelegt mit Papierförmchen

Ergibt 12 Muffins

Kartoffeln schälen, in Würfel schneiden und in Salzwasser 20 Minuten weich kochen und abgießen.

Die Salbeiblättchen in feine Streifen schneiden. In einer Bratpfanne 50 g der Butter zerlassen und den Salbei darin kross braten. Die Salbeibutter über die gekochten Kartoffeln geben, mit einem Kartoffelstampfer weich stampfen und abkühlen lassen.

Backofen auf 180 °C vorheizen.

Die restliche Butter in einer großen Rührschüssel mit dem Zucker verrühren. Eier, Mehl, Backpulver, Xanthan, Crème fraîche und die abgekühlte Kartoffelmasse hinzufügen und zu einem glatten Teig vermischen. Den Teig in die Muffinformen füllen und im vorgeheizten Ofen 35–45 Minuten goldbraun backen. Diese Muffins schmecken warm am besten.

Diese Muffins sind nicht nur schnell und einfach zubereitet, sie sind auch herrlich leicht und schmackhaft. Die wenigen Zutaten hat man in der Regel vorrätig, daher sind sie ein ideales Alltagsgericht. Damit sie nicht nur gluten-, sondern auch laktosefrei werden, kann man den Käse weglassen und durch Maiskörner ersetzen.

Soufflémuffins mit Käse und Zwiebeln

Backofen auf 180 °C vorheizen.

Die Zwiebel schälen und fein hacken. Öl in einer Pfanne erhitzen und die Zwiebeln anschwitzen, bis sie leicht goldbraun und weich sind. Anschließend abkühlen lassen.

Die Eier trennen. Eigelbe, Zwiebeln und geriebenen Käse in einer Rührschüssel vermengen und mit Salz und Pfeffer würzen.

Die Eiweiße in einer zweiten Schüssel zu steifem Schnee schlagen. Mit einem Teigspatel den Eischnee vorsichtig unter die Käsemischung heben, bis der Käse und die Zwiebeln gleichmäßig mit dem Ei vermischt sind. Den Teig in die Mulden der Muffinform füllen und im vorgeheizten Ofen 20–25 Minuten backen, bis die Soufflés aufgegangen und goldbraun sind.

Die Muffins noch warm aus der Form lösen und am besten sofort servieren.

1 Zwiebel
1 EL Öl
5 Eier
125 g Red Leicester oder reifer Cheddar, gerieben
Meersalz und frisch gemahlener schwarzer Pfeffer

Muffinform mit 12 Vertiefungen, gut eingefettet

Ergibt 12 Muffins

Der Taleggio verleiht diesen Küchlein Würze, durch die geriebenen Zucchini bleiben sie saftig, und mit den Haselnüssen bekommen sie eine köstlich knusprige Kruste. Ich kann gar nicht genug davon backen, so schnell, wie sie jedes Mal aufgegessen sind!

Taleggio-Haselnuss-Küchlein

200 g Taleggio
1 Zucchini
115 g weiche Butter
1 EL Zucker
2 Eier
115 g glutenfreies Mehl
1 TL glutenfreies Backpulver
¾ TL Xanthan
15 g Crème fraîche oder saure Sahne
2 EL geröstete gehackte Haselnüsse
Meersalz und frisch gemahlener schwarzer Pfeffer

8 Minikastenbackformen, eingefettet

Ergibt 8 Minikuchen

Backofen auf 180 °C vorheizen.

Den Taleggio entrinden und in kleine Würfel schneiden. Die Zucchini waschen, die Enden abschneiden und raspeln. Butter, Zucker, Eier, Mehl, Backpulver und Xanthan in einer großen Rührschüssel verrühren. Käsewürfel, Zucchini und Crème fraîche hinzugeben, mit Salz und Pfeffer kräftig würzen und das Ganze gut vermengen.

Den Teig in die Kastenförmchen geben und mit den gehackten Haselnüssen bestreuen. Im vorgeheizten Backofen 25–30 Minuten backen, bis die Küchlein goldbraun sind. Vor dem Servieren abkühlen lassen.

Die Küchlein halten sich in einem luftdichten Behälter bis zu zwei Tage.

Scones sind ein traditionelles englisches Gebäck, das oft zur Tea Time gereicht wird. Noch warm aus dem Ofen und mit Butter bestrichen, schmecken sie am besten. Vier verschiedene Käsesorten machen diese Scones herrlich herzhaft: salziger Parmesan, cremiger Mascarpone, würziger Cheddar und goldener Red Leicester.

Vier-Käse-Scones

Backofen auf 180 °C vorheizen.

Mehl, Backpulver und Xanthan in eine große Rührschüssel sieben. Mandeln hinzufügen und die Butter mit den Fingerspitzen einarbeiten, bis die Mischung feinen Semmelbröseln gleicht. Mascarpone einrühren und anschließend Parmesan, zwei Drittel des Cheddars und des Red Leicesters unterziehen – das jeweils andere Drittel zum Bestreuen beiseitestellen. Milch nach und nach hinzugießen und zu einem geschmeidigen Teig verarbeiten. Bei Bedarf mehr Milch hinzufügen.

Den Teig auf einer bemehlten Arbeitsfläche 2,5 cm dick ausrollen und mit der runden Form die Scones ausstechen. Teigreste erneut ausrollen und den Vorgang wiederholen. (Der Teig sollte allerdings nur einmal neu ausgerollt werden, da er durch zusätzliches Mehl krümelig wird und sich dann nur schwierig ausrollen lässt.)

Scones mit deutlichem Abstand voneinander auf das vorbereitete Backblech setzen. Die Oberseiten mit Milch bestreichen, den restlichen Käse darauf verteilen und mit frisch zerstoßenem Pfeffer bestreuen.

Im vorgeheizten Backofen die Scones 20–25 Minuten backen, bis sie oben goldgelb sind und beim Daraufklopfen hohl klingen. Warm oder kalt servieren.

Die Scones verlieren schnell an Frische, daher isst man sie am besten noch am gleichen Tag, oder man friert sie ein und wärmt sie dann vor dem Servieren auf.

330 g glutenfreies Mehl
zzgl. etwas zum Bestäuben
5 TL glutenfreies Backpulver
2 TL Xanthan
100 g gemahlene Mandeln
115 g Butter, gekühlt und gewürfelt
70 g Mascarpone
20 g Parmesan, gerieben
120 g Cheddar, gerieben
120 g Red Leicester*, gerieben
200–250 ml Milch
zzgl. etwas zum Bestreichen
frisch zerstoßener schwarzer Pfeffer

runde Ausstechform mit gewelltem Rand (Ø 7,5 cm)

Backblech, eingefettet und mit Antihaftbackpapier ausgelegt

Ergibt 10 Scones

* Der Red Leicester kann auch durch einen anderen Hartkäse ersetzt werden, oder man verdoppelt die Menge des Cheddars.

Süße Madeleines sind wahre Leckerbissen – diese herzhafte Variante mit Kürbis steht ihnen in nichts nach. Sie passen gut zu Suppen und Eintöpfen, aber man kann sie natürlich auch als kleinen Snack zwischendurch genießen. Für beste Ergebnisse ist es wichtig, den Madeleineteig vor dem Backen zu kühlen. Möchte man sie als mundgerechte Kanapees servieren, verwendet man kleine Madeleineförmchen.

Kürbismadeleines mit Salbei

100 g Butter
12 Salbeiblätter
2 Eier
20 g Zucker
100 g Kürbispüree
70 g glutenfreies Mehl
¾ TL glutenfreies Backpulver
½ TL Xanthan
50 g gemahlene Mandeln
Meersalz und frisch gemahlener schwarzer Pfeffer

Madeleinebackform mit 12 Vertiefungen, eingefettet

Spritzbeutel mit einer großen, runden Tülle

Ergibt 12 Madeleines

Pfanne auf eine Herdplatte mit niedriger Temperatur stellen, Butter hineingeben und darin zerlassen. Dabei darauf achten, dass diese nicht zu braun wird. Wenn die Butter schaumig ist, die Salbeiblätter hinzufügen und einige Minuten braten, bis sie leicht knusprig sind. Anschließend die Blätter mit einem Schaumlöffel herausnehmen und die Butter zum Abkühlen beiseitestellen. Jeweils ein Salbeiblatt in die eingefettete Madeleineform geben und mit etwas Butter in der Mitte der Vertiefungen festdrücken.

Für den Teig in einer großen Rührschüssel Eier und Zucker zu einer dicken, cremigen Masse verrühren. Kürbispüree, Mehl, Backpulver, Xanthan und Mandeln einrühren. Die abgekühlte geschmolzene Salbeibutter hinzufügen und alles gut vermischen. Mit Salz und Pfeffer würzen, in den Spritzbeutel füllen und 1 Stunde im Kühlschrank auskühlen lassen.

Backofen auf 180 °C vorheizen.

Den Teig in die Vertiefungen der Madeleineform spritzen und im vorgeheizten Ofen 15–20 Minuten backen, bis die Madeleines goldbraun sind und zurückspringen, wenn sie heruntergedrückt werden.

Frisch und noch warm schmecken die Madeleines am besten.

Das scharfe Chorizo-Öl verleiht diesen Scones ihren unverwechselbaren Geschmack. Noch warm aus dem Ofen, mit geschlagener Paprikabutter bestrichen, schmecken sie unübertrefflich. Das Zubereiten der Butter geht ganz schnell, und das Ergebnis ist mehr als lohnend.

Chorizo-Manchego-Scones

Backofen auf 180 °C vorheizen.

Chorizo in kleine Stücke schneiden und ohne zusätzliches Fett in einer Pfanne solange braten, bis Öl austritt und die Ränder der Wurst kross werden. Abkühlen lassen.

Mehl, Backpulver und Xanthan in eine große Rührschüssel sieben. Mandeln hinzufügen und die Butter mit den Fingerspitzen einarbeiten, bis die Mischung feinen Semmelbröseln gleicht. Den Manchego klein würfeln und zusammen mit Chorizo und dem ausgetretenen Öl aus der Pfanne zur Teigmischung geben. Mit Salz und Pfeffer würzen. Milch nach und nach hinzugießen und zu einem geschmeidigen Teig verarbeiten. Bei Bedarf mehr Milch hinzufügen.

Den Teig auf einer bemehlten Arbeitsfläche 2,5 cm dick ausrollen und mit der Dreieckform die Scones ausstechen. Teigreste erneut ausrollen und den Vorgang wiederholen. (Den Teig nur einmal neu ausrollen, da er durch zusätzliches Mehl krümelig wird.) Scones mit deutlichem Abstand zueinander auf das vorbereitete Backblech legen. Die Oberseiten mit Milch bestreichen, mit Paprikapulver bestäuben und mit Zucker bestreuen. Die Scones im vorgeheizten Ofen 20–25 Minuten backen, bis die Oberseiten goldgelb sind und beim Daraufklopfen hohl klingen.

Die Paprikabutter sollte man erst kurz vor dem Servieren zubereiten, da sie ihre cremige Konsistenz verliert, wenn man sie in den Kühlschrank stellt. Dazu die Butter im Mixer oder mit einem Handrührgerät einige Minuten mit Salz und Paprikapulver schlagen, bis sie leicht und cremig ist. Die Scones warm mit der geschlagenen Butter servieren.

Frisch schmecken die Scones am besten, oder man friert sie ein und wärmt sie dann vor dem Servieren auf.

Für die Scones
100 g glutenfreie scharfe Chorizo
330 g glutenfreies Mehl
zzgl. etwas zum Bestäuben
5 TL glutenfreies Backpulver
2 TL Xanthan
100 g gemahlene Mandeln
115 g Butter
100 g Manchego
200–250 ml Milch
zzgl. etwas zum Bestreichen
Paprikapulver zum Bestreuen
Zucker zum Bestreuen
Meersalz und frisch gemahlener schwarzer Pfeffer

Für die Paprikabutter
115 g weiche Butter
1 TL Fleur de sel
1 TL scharfes, geräuchertes Paprikapulver

Backblech, eingefettet und mit Antihaftbackpapier ausgelegt

dreieckige Ausstechform (8 cm)

Ergibt 10 Scones

Brot & Pizza

Die Zubereitung einer Brioche nimmt viel Zeit in Anspruch, aber eine Scheibe dieses süßen buttrigen Brots macht garantiert allen Aufwand wett. Der Teig ist anfangs noch ziemlich klebrig, einmal aufgegangen legt sich das jedoch, und er lässt sich leichter verarbeiten.

Brioche

Für die Brioches
1 ½ Pck. glutenfreie Trockenhefe
70 g Zucker
500 g glutenfreie Mehlmischung für helle Brotsorten zzgl. etwas zum Bestäuben
1 TL Xanthan
7 Eier
375 g Butter, etwas weich und gewürfelt

Für die Glasur
1 Ei
2 EL Zucker

2 Briocheformen (ca. Ø 16 cm), eingefettet

Ergibt 2 Brioches

Hefe und 1 TL Zucker mit 60 ml lauwarmem Wasser in einer Schüssel verrühren und ungefähr 10 Minuten an einem warmen Ort quellen lassen, bis sich ein dicker Schaum auf der Flüssigkeit gebildet hat.

Mehl und Xanthan in die Rührschüssel einer Küchenmaschine sieben und restlichen Zucker hinzufügen. Die flüssige Hefemischung hineingießen und mit dem Knethaken 2–3 Minuten verrühren. Die Eier bei laufender Maschine einzeln hinzufügen, bis ein geschmeidiger Teig entsteht. Nachdem alle Eier dazugegeben wurden, den Teig ca. 3 Minuten weiterrühren, bis er weich und seidig ist.

Nun die Butter bei weiterhin laufender Küchenmaschine Würfel für Würfel hineingeben, bis sie komplett eingearbeitet ist, der Teig glänzt und sich von den Seitenwänden der Rührschüssel löst. Zu diesem Zeitpunkt ist der Teig noch ziemlich klebrig. Etwas Frischhaltefolie leicht einfetten, damit die Schüssel abdecken, und den Teig 3 Stunden an einem warmen Ort gehen lassen, bis er sein Volumen verdoppelt hat.

Auf einer bemehlten Arbeitsfläche den Teig nun mit den Händen kneten, dabei großzügig mit Mehl bestäuben. Teig halbieren, zwei Kugeln formen und in die vorbereiteten Briocheformen geben. Für die Glasur Ei und Zucker verrühren und mit einem Backpinsel auf den Teig streichen (es kann sein, dass man nicht die gesamte Glasurmasse dazu benötigt). Brioches mit Frischhaltefolie locker abdecken und 1–2 Stunden an einem warmen Ort gehen lassen, bis sie ihr Volumen erneut verdoppelt haben.

Backofen auf 180 °C vorheizen.

Die Frischhaltefolie entfernen und die Brioches im vorgeheizten Ofen 25–30 Minuten backen, bis sie goldbraun sind und beim Daraufklopfen hohl klingen.

Am besten schmecken die Brioches ofenwarm, mit Butter und Marmelade bestrichen.

Diese köstliche herbstliche Focaccia wird mit knusprigen Nüssen und saftigen, von Sherry durchtränkten Rosinen bestreut. Sie schmeckt perfekt zu Suppen und Salaten oder aber auch allein als herzhafter Snack.

Walnuss-Rosinen-Focaccia

- 100 g Rosinen
- 125 ml Sherry
- 1 ½ Pck. glutenfreie Trockenhefe
- 1 EL Zucker
- 450 g glutenfreie Mehlmischung für helle Brotsorten
- 250 ml Milch, leicht erwärmt
- 2 Eier, verquirlt
- 1 TL Balsamicoessig
- 1 TL Salz
- 100 g Walnusskerne
- 2 Rosmarinzweige
- Olivenöl zum Beträufeln
- Fleur de sel zum Bestreuen

Backform (33 × 23 cm) mit niedrigen Seitenwänden, eingefettet mit Olivenöl

Ergibt 1 große Focaccia

Die Rosinen ca. 3 Stunden im Sherry einweichen, bis sie vollgesogen sind.

Hefe, Zucker und 80 ml lauwarmes Wasser in eine Schüssel geben und ungefähr 10 Minuten an einem warmen Ort quellen lassen, bis sich ein dicker Schaum auf der Flüssigkeit gebildet hat.

Mehl in eine große Rührschüssel sieben, Hefemischung, lauwarme Milch, Eier, Essig und Salz hinzufügen und alles gleichmäßig vermischen. Teig in die Backform geben, mit einem feuchten Geschirrtuch abdecken und 1 Stunde an einem warmen Ort gehen lassen, bis er sein Volumen verdoppelt hat.

Backofen auf 190 °C vorheizen.

Rosinen abtropfen lassen und mit den Walnüssen auf dem Teig verteilen. Rosmarinblättchen abzupfen und in regelmäßigen Abständen in den Teig drücken. Großzügig mit Öl beträufeln und mit Fleur de sel bestreuen. Im vorgeheizten Ofen 35–40 Minuten backen, bis die Focaccia auf Fingerdruck zurückspringt und der Belag knusprig ist. Warm oder kalt servieren.

Am besten schmeckt diese Focaccia am Tag ihrer Zubereitung.

Dieses schmackhafte Brot passt perfekt zu Suppen und Käse. Die Zucchini-Maismehl-Kruste ist nicht nur sehr appetitlich anzusehen, sie macht die Oberseite auch herrlich knusprig. Wer es gerne pikanter mag, kann den Cheddar in diesem Rezept gegen Blauschimmelkäse austauschen.

Zucchinibrot

Backofen auf 180 °C vorheizen.

Mehl, Backpulver, Xanthan und Maismehl in eine große Rührschüssel sieben. Eier, Butter und Milch zum Mehl geben und anschließend den geriebenen Käse unterziehen.

Zucchini waschen und die Enden abschneiden. Eine der Zucchini reiben, zum Teig hinzufügen und gut vermengen. Mit Salz und Pfeffer würzen und anschließend den Teig in die vorbereitete Backform füllen.

Die andere Zucchini mit einem Küchenhobel oder einem scharfen Messer in feine Scheiben schneiden. Die Zucchinischeiben in gerade Reihen auf den Teig legen und mit frisch gemahlenem schwarzem Pfeffer bestreuen. Anschließend Maismehl auf die Zucchinischeiben streuen und mit einem Backpinsel vorsichtig das Öl auf die gesamte Oberseite des Teigs streichen.

Im vorgeheizten Ofen 40–50 Minuten backen, bis die Oberseite goldbraun ist. Das Brot zuerst in der Form 5 Minuten abkühlen lassen, dann auf ein Kuchengitter geben und vollständig erkalten lassen.

200 g glutenfreies Mehl
4 ¾ TL glutenfreies Backpulver
1 ¼ TL Xanthan
100 g feines Maismehl zzgl. etwas zum Bestäuben
3 Eier, verquirlt
60 g Butter, zerlassen und abgekühlt
300 ml Milch
150 g Applewood Smoked Cheddar, gerieben (alternativ: ungeräucherter Cheddar)
2 Zucchini (ca. 350 g)
Olivenöl zum Bestreichen
Meersalz und frisch gemahlener schwarzer Pfeffer

Gemüsehobel (optional)

Blechkuchenspringform (24 cm), eingefettet und mit Antihaftbackpapier ausgelegt

Ergibt 1 Brot

Sodabrot kommt ursprünglich aus Irland und ist sehr schnell und einfach zuzubereiten. Anstelle von Hefe verwendet man Natron als Triebmittel. Sodabrot passt perfekt zu Suppen und Aufläufen. Es ist sehr wichtig, die Oberseite einzuschneiden, damit das Brot gleichmäßig durchbacken kann.

Sodabrot

350 g glutenfreie Mehlmischung für dunkle Brotsorten zzgl. etwas zum Bestäuben
200 g Hafermehl*
1 TL Natron
1 TL Salz
500 g Buttermilch
80 ml Milch

Backblech, eingefettet

Ergibt 1 Brot

* Hafermehl ist im Reformhaus und online erhältlich. Es kann auch durch anderes glutenfreies Mehl ersetzt werden.

Backofen auf 180 °C vorheizen.

Brot- und Hafermehl in eine große Rührschüssel geben, Natron und Salz hinzufügen. Buttermilch und Milch hineingießen und zu einem geschmeidigen Teig verrühren. Ist der Teig zu klebrig, etwas Mehl dazugeben – den Teig aber nicht zu lange rühren, da er aufgrund der fehlenden Hefe so leicht wie möglich bleiben muss.

Den Teig zu einem runden Laib von ca. 4 cm Höhe und 20 cm Durchmesser formen. Mit einem scharfen Messer ein Kreuz in die Oberseite des Laibs ritzen und diese anschließend mit Mehl bestäuben. Teigling auf das vorbereitete Backblech geben und im vorgeheizten Ofen 45–55 Minuten backen, bis sich eine knusprige Kruste gebildet hat und der Laib beim Daraufklopfen hohl klingt.

Am besten schmeckt das Brot am Tag der Zubereitung, es kann aber auch am Tag darauf im Backofen aufgewärmt werden.

Die gehaltvolle Füllung aus Mozzarella und Ofengemüse macht dieses belegte Brot zu einer kompletten Mahlzeit – auch für unterwegs! Die benötigte Menge an Füllung hängt stark von der Größe des gewählten Brots ab und ist hier nur als ungefähre Richtlinie gedacht.

Rustikales Picknickbrot

Backofen auf 180 °C vorheizen.

Zucchini waschen, die Enden abschneiden und in Stifte schneiden. Zusammen mit den Tomaten in eine Bratform geben und mit Olivenöl und Balsamicoessig beträufeln. Zucker darüberstreuen und mit Salz und Pfeffer würzen. Gemüse im vorgeheizten Backofen 25–30 Minuten schmoren, bis es sehr weich ist. Die Form zum Abkühlen beiseitestellen. Den ausgetretenen Saft benötigen wir später für das Dressing.

Das Baguette aufschneiden bzw. die Oberseite des Laibs abschneiden und zur Seite legen. Das Brot vorsichtig aushöhlen, sodass nur noch die Kruste mit einer dünnen Schicht Krume im Inneren übrig bleibt. Dabei aufpassen, keine Löcher in die Kruste zu reißen.

Abgekühlte Zucchini und Tomaten aus der Bratform nehmen und in eine Schüssel geben, Frühlingszwiebel, Minze und Basilikum hinzufügen. In einer zweiten Schüssel Öl, Limettensaft und die Säfte des Ofengemüses verrühren, mit Salz und Pfeffer abschmecken und über die Gemüsemischung geben. Vorsichtig unterziehen, bis das Gemüse vollständig mit Dressing bedeckt ist.

Zum Füllen des Brots zuerst den Boden und die Seiten innen mit Spinatblättern auslegen, damit das Brot nicht durchweicht. Anschließend den Boden mit einer Schicht Paprika auslegen, etwas Gemüsemischung darüberlöffeln und mit der Rückseite des Löffels andrücken. Mit einigen Mozzarellascheiben und Oliven belegen. In dieser Reihenfolge fortfahren, bis das Brot vollständig und fest gefüllt ist. Zum Abschluss mit Spinatblättern belegen. Baguette schließen bzw. Deckel zurück auf den Brotlaib legen und das gefüllte Brot eng in Frischhaltefolie einwickeln. Für 2 Stunden kaltstellen und zum Servieren in Scheiben schneiden. (Am besten transportiert man das Brot noch in der Folie und schneidet es erst vor Ort beim Picknick auf.)

Auch warm schmeckt dieses Brot ganz fantastisch. Dazu die Folie entfernen und bei 180 °C im vorgeheizten Ofen 15–20 Minuten backen, bis der Käse geschmolzen ist.

Für das Ofengemüse
- 1 Zucchini
- 150 g Kirschtomaten
- 2 EL Olivenöl
- 1 EL Balsamicoessig
- 2 TL Zucker
- Meersalz und frisch gemahlener schwarzer Pfeffer

Für das belegte Brot
- 1 glutenfreies Baguette oder 1 kleiner Laib glutenfreies Brot
- 1 Frühlingszwiebel, fein gehackt
- 1 EL fein gehackte frische Minze
- 1 EL fein gehacktes frisches Basilikum
- 1 EL Olivenöl
- Saft von 1 Limette
- 1 Handvoll Babyspinat
- 1 Glas gegrillte Paprikaschoten in Öl, abgetropft und in dünne Streifen geschnitten
- 200 g Büffelmozzarella, in dünne Scheiben geschnitten
- 15–20 schwarze Oliven ohne Stein
- Meersalz und frisch gemahlener schwarzer Pfeffer

Ergibt 2 Portionen

Diese Pizza ist eher unkonventionell, da sie ganz ohne Tomaten auskommt, aber dank des aromatischen Rosmarins und der knusprigen Kartoffelscheiben muss sie sich hinter keiner normalen Pizza verstecken. Sie ist auch ideal als Beilage für sommerliche Grillfeste oder zu einem einfachen Salat geeignet.

Kartoffel-Rosmarin-Pizza

Für den Pizzateig
150 ml Milch, leicht erwärmt
1 ½ Pck. glutenfreie Trockenhefe
1 EL Zucker
300 g glutenfreie Mehlmischung für helle Brotsorten
1 TL glutenfreies Backpulver
1 TL Xanthan
1 TL Salz
1 Ei
60 ml Olivenöl
80 g Naturjoghurt
1 TL fein gehackter frischer Rosmarin
feines gelbes Maismehl oder glutenfreies Mehl zum Bestäuben

Für den Belag
1 Knoblauchzehe
60 ml Olivenöl
1 große Kartoffel
2 Rosmarinzweige, Blättchen abgezupft
Meersalz und zerstoßener schwarzer Pfeffer
2 EL Parmesan, gerieben

Antihaftbackpapier oder Silikonbackmatte

großes Backblech

Gemüsehobel (optional)

Ergibt 4 Portionen

Lauwarme Milch, Hefe und Zucker in eine Schüssel geben und etwa 10 Minuten an einem warmen Ort quellen lassen, bis sich ein dicker Schaum auf der Flüssigkeit gebildet hat.

Mehl, Backpulver und Xanthan in eine große Rührschüssel sieben. Salz, Ei, Olivenöl, Joghurt, gehackten Rosmarin und die Hefemischung dazugeben. Mit einem Holzlöffel verrühren und zu einem geschmeidigen Teig verarbeiten. Mit den Händen leicht kneten und zu einer runden Kugel formen. Wenn der Teig zu klebrig ist, noch etwas Mehl hinzufügen.

Einen Bogen Antihaftbackpapier bzw. eine Silikonbackmatte mit etwas Maismehl bestäuben. Teig darauf dünn zu einem großen Kreis von ca. 30 cm Durchmesser ausrollen. Teigling auf ein Backblech bzw. eine Silikonbackmatte gleiten lassen und 45–60 Minuten an einen warmen Ort stellen, bis er aufgegangen ist.

Backofen auf 190 °C vorheizen.

Für den Belag Knoblauch schälen und in dünne Scheiben schneiden. Olivenöl in eine Pfanne geben und Knoblauch bei schwacher Hitze leicht goldbraun braten, anschließend abkühlen lassen. Nach dem Abkühlen die Oberseite der Pizza mit etwas Knoblauchöl bestreichen.

Kartoffel in sehr dünne Scheiben schneiden – am besten mit einem Küchenhobel. (Man kann die Kartoffel vorher schälen, aber ich lasse die Schalen daran, da es so schöner aussieht.) Pizza mit den Kartoffelscheiben belegen, diese dabei leicht überlappen lassen. Mit Rosmarin, Meersalz und Pfeffer bestreuen. Anschließend alles mit weiterem Knoblauchöl bestreichen. Parmesan auf die Pizza streuen und im vorgeheizten Ofen 20–25 Minuten backen, bis der Teig knusprig ist und die Kartoffeln gar und goldbraun sind.

Sofort servieren.

Eine Calzone ist eine gefüllte Pizza. Man kann die Füllung gut variieren. Da glutenfreier Pizzateig sehr brüchig ist, muss man beim Falten der Calzone besonders vorsichtig sein – daher unbedingt erst dann weiterverarbeiten, wenn der Teig aufgegangen ist.

Calzone

Lauwarme Milch, Hefe und Zucker in eine Schüssel geben und ungefähr 10 Minuten an einem warmen Ort quellen lassen, bis sich ein dicker Schaum auf der Flüssigkeit gebildet hat.

Mehl, Backpulver und Xanthan in eine große Rührschüssel sieben. Salz, Ei, Olivenöl, Joghurt und die Hefemischung hinzufügen. Mit einem Holzlöffel verrühren und zu einem geschmeidigen Teig verarbeiten. Mit den Händen leicht kneten und zu einer runden Kugel formen. Wenn der Teig zu klebrig ist, noch etwas Mehl hinzufügen.

Einen Bogen Antihaftbackpapier bzw. eine Silikonbackmatte mit etwas Maismehl bestäuben. Teig darauf dünn zu einem großen Kreis von ca. 30 cm Durchmesser ausrollen. Teigling auf ein Backblech bzw. eine Silikonbackmatte gleiten lassen und 45–60 Minuten an einen warmen Ort stellen, bis er aufgegangen ist.

Backofen auf 180 °C vorheizen.

Eine Hälfte des Teigs mit passierten Tomaten bestreichen, dabei einen kleinen Abstand für den Rand lassen. Mozzarellascheiben auf die Tomaten legen und anschließend mit Salami, Basilikum und Pilzen belegen. Die unbedeckten Ränder des Teigs mit ein wenig Wasser anfeuchten. Mithilfe des Backpapiers bzw. der Silikonbackmatte die unbelegte Hälfte auf die belegte legen, sodass die Füllung komplett bedeckt ist und man eine halbkreisförmige Calzone vor sich hat. Die Ränder fest zusammendrücken. Da dieser glutenfreie Teig brüchig sein könnte, entstehen vielleicht Risse auf der Teigoberseite. Das macht aber nichts, da die Oberseite nun mit dem geriebenen Mozzarella bestreut wird. Die Calzone im vorgeheizten Ofen 20–25 Minuten goldbraun backen und sofort servieren.

Für den Pizzateig

150 ml Milch, leicht erwärmt
1 ½ Pck. glutenfreie Trockenhefe
1 EL Zucker
300 g glutenfreie Mehlmischung für helle Brotsorten
1 TL glutenfreies Backpulver
1 TL Xanthan
1 TL Salz
1 Ei
60 ml Olivenöl
80 g Naturjoghurt
feines gelbes Maismehl oder glutenfreies Mehl zum Bestäuben

Für die Füllung

100 g passierte Tomaten
125 g Büffelmozzarella, in Scheiben geschnitten
50 g Salame Napoletano, in Streifen geschnitten
1 EL fein gehacktes frisches Basilikum
30 g junge Champignons, in feine Scheiben geschnitten

Zum Überbacken

50 g geriebener Mozzarella

Antihaftbackpapier oder Silikonbackmatte (optional)

großes Backblech

Ergibt 4 Portionen

Was ist besser für die Seele als Pizza? Die Italiener wissen einfach, worum es im Leben wirklich geht! Mit ihrem knusprigen Boden, den saftigen Tomaten und dem goldgelben Käse ist diese Pizza ideal für ein Abendessen mit Freunden – ganz egal, ob diese Gluten vertragen oder nicht. Den Unterschied wird niemand bemerken.

Pizza Margherita

Für den Pizzateig

- 100 ml Milch, leicht erwärmt
- 1 ½ Pck. glutenfreie Trockenhefe
- 1 EL Zucker
- 250 g glutenfreie Mehlmischung für helle Brotsorten
- 1 Ei
- 2 TL gemischte getrocknete Kräuter
- ½ TL Salz
- 80 ml Olivenöl

Für den Belag

- 200 g passierte Tomaten
- 200 g Cheddar, gerieben
- Meersalz und frisch gemahlener schwarzer Pfeffer

großes Backblech, eingefettet mit Olivenöl

Ergibt 4 Portionen

Lauwarme Milch, Hefe und Zucker in eine Schüssel geben und etwa 10 Minuten an einem warmen Ort quellen lassen, bis sich ein dicker Schaum auf der Flüssigkeit gebildet hat.

Mehl in eine große Rührschüssel sieben. Ei, Hefemischung, getrocknete Kräuter, Salz und 60 ml Olivenöl dazugeben und mit den Händen vermengen, bis ein geschmeidiger Teig entsteht. Teig zu einer Kugel formen, restliches Olivenöl in die Schüssel geben und den Teig darin rollen, bis er das gesamte Öl aufgesogen hat.

Die Kugel auf das vorbereitete Backblech legen und mit den Fingerspitzen zu einem großen Kreis pressen. Den Teig 1 Stunde an einen warmen Ort stellen, bis er aufgegangen ist.

Backofen auf 180 °C vorheizen.

Passierte Tomaten auf den Teig geben und mit dem Löffel oder einem Spachtel zu einer dünnen Schicht verstreichen. Geriebenen Käse darüberstreuen, mit Salz und Pfeffer würzen und im vorgeheizten Ofen 15–20 Minuten backen, bis der Teig knusprig und der Käse zerlaufen und goldbraun ist.

Sofort servieren.

Diese kleinen, in den Schalen der Kürbisse servierten Köstlichkeiten sind eine perfekte Kombination aus gegrilltem Kürbisfleisch und nahrhaftem Brot. Sie passen ideal zu Suppen und Aufläufen. Durch das Kürbispüree haben diese Brote eine leuchtend orange Farbe.

Kürbisbrote

3 kleine Kürbisse
Olivenöl zum Beträufeln
90 g glutenfreies Mehl
3 TL glutenfreies Backpulver
½ TL Xanthan
100 g feines Maismehl zzgl. etwas zum Bestäuben
2 Eier
60 g Butter, zerlassen und abgekühlt
300 ml Milch
1 TL Pimentón (scharfes geräuchertes Paprikapulver)
1 EL Kürbiskerne
Kürbiskernöl (alternativ: Olivenöl) zum Beträufeln
Meersalz und frisch gemahlener schwarzer Pfeffer

Bratform mit hohem Rand

Ergibt 3 kleine Brote

Backofen auf 180 °C vorheizen.

Deckel der Kürbisse abschneiden und wegwerfen. Kürbisse in eine Bratform setzen und mit Olivenöl beträufeln. In den vorgeheizten Backofen geben und 30–40 Minuten garen, bis das Kürbisfleisch weich ist, die Schalen aber noch ihre Form halten. Aus dem Ofen nehmen und abkühlen lassen.

Nach dem Abkühlen die Kürbisse aushöhlen, indem man das Fleisch und die Kerne mit einem Löffel komplett herausschält, bis nur noch die Schale übrig ist. Diese beiseitestellen. Kürbiskerne wegwerfen – oder für einen gesunden Snack die Kerne waschen, mit Salz und Pfeffer bestreuen und im Ofen rösten.

Backofen wieder auf 180 °C vorheizen.

Mehl, Backpulver und Xanthan in eine große Rührschüssel sieben. Maismehl und 2 gehäufte EL Kürbisfleisch hinzufügen. Eier, zerlassene Butter, Milch und Paprikapulver hinzufügen und zu einem geschmeidigen Teig verrühren. Mit Salz und Pfeffer würzen, den Teig auf die ausgehöhlten Kürbisse aufteilen und diese zurück in die Bratform setzen. Die Füllung mit Kürbiskernen bestreuen und mit etwas Kürbiskernöl oder Olivenöl beträufeln. Im vorgeheizten Backofen 25–35 Minuten backen, bis die Brote gar sind.

Am besten schmecken sie am Tag ihrer Zubereitung.

Glutenfreier Brotteig wird ganz anders als „normaler“ Brotteig zubereitet. Dieses Zwiebelbrot ist schnell gemacht – der Teig muss weder ruhen noch geknetet werden. In einem luftdichten Behälter aufbewahrt, hält sich das Brot sehr gut und eignet sich hervorragend für belegte Schnitten. Anstatt der Zwiebeln und Oliven sind auch zahlreiche andere Beläge möglich.

Zwiebel-Oliven-Brot

Für den Belag

- 4 rote Zwiebeln
- 1 EL natives Olivenöl Extra zzgl. etwas zum Beträufeln
- 1 EL Balsamicoessig
- 1 EL Zucker
- 100 g schwarze Oliven ohne Stein

Für das Brot

- 240 g glutenfreies Mehl
- 5 ¼ TL glutenfreies Backpulver
- 1 ½ TL Xanthan
- 3 Eier, verquirlt
- 50 g Butter, zerlassen und abgekühlt
- 300 g saure Sahne
- 120 g geriebener Mozzarella
- 1 gehäufter EL glutenfreier Dijonsenf

Springform (Ø 24 cm), eingefettet und mit Antihaftbackpapier ausgelegt

Ergibt 1 Brot

Zuerst den Zwiebelbelag zubereiten. Dazu die Zwiebeln schälen und in feine Scheiben schneiden. Öl in eine Bratpfanne geben und die Zwiebelscheiben bei schwacher Hitze anschwitzen, bis sie glasig sind. Essig und Zucker hinzufügen und einige Minuten weiter dünsten, bis die Zwiebeln klebrig werden. Anschließend abkühlen lassen.

Backofen auf 180 °C vorheizen.

Mehl, Backpulver und Xanthan in eine große Rührschüssel sieben. Eier, Butter und saure Sahne hinzufügen und verrühren. Mozzarella und Senf gleichmäßig unterziehen, und in die vorbereitete Form geben. (Die Mischung ist ziemlich klebrig und erinnert eher an Kuchen- als an traditionellen Brotteig). Zwiebeln auf dem Teig verteilen und Oliven darüberstreuen. Mit Olivenöl beträufeln und im vorgeheizten Backofen 40–50 Minuten backen, bis die Oberseite goldbraun ist und das Brot auf Fingerdruck zurückspringt.

Das Brot zuerst in der Form 5 Minuten abkühlen lassen, dann auf ein Kuchengitter geben und komplett erkalten lassen.

Bei diesem kompakten Brot kommt der Geschmack der Pastinaken hervorragend zur Geltung. Pastinaken sind mein Lieblingsgemüse, daher ist dieses Brot für mich unwiderstehlich. Zu Suppen und Braten passt es vorzüglich, aber da es sich nicht lange hält, sollte man es noch am Tag der Zubereitung essen.

Pastinaken-Rosmarin-Brot

Pastinaken schälen und in große Stücke schneiden. Wasser in einem Topf zum Kochen bringen und salzen. Pastinaken hinzufügen und ca. 20 Minuten weich kochen. Abgießen, Butter hinzugeben und mit einem Kartoffelstampfer zu einem glatten Püree zerdrücken. Mit schwarzem Pfeffer abschmecken und zum Abkühlen beiseitestellen.

Hefe, Zucker und 100 ml lauwarmes Wasser in einer Schüssel verrühren und ungefähr 10 Minuten an einem warmen Ort quellen lassen, bis sich ein dicker Schaum auf der Flüssigkeit gebildet hat.

Mehl und Xanthan in die Rührschüssel einer Küchenmaschine sieben, Salz und Rosmarin hinzufügen. Die flüssige Hefemischung und das Pastinakenpüree hineingeben und alles mit dem Knethaken 1–2 Minuten verrühren. Öl und bei Bedarf ca. 50–100 ml lauwarmes Wasser hinzugießen und weiterrühren, bis ein geschmeidiger Teig entsteht. Hände mit Mehl bestäuben und den Teig zu einer Kugel formen. Teigling auf das vorbereitete Backblech legen. Mit einem feuchten Geschirrtuch abdecken und 1 ½ Stunden an einem warmen Ort gehen lassen, bis der Teig sein Volumen verdoppelt hat.

Backofen auf 180 °C vorheizen.

Teigling mit dem verquirlten Ei bepinseln und als Garnierung einige Rosmarinblättchen in den Laib stecken. Mit Fleur de sel bestreuen und im vorgeheizten Ofen 35–45 Minuten goldbraun backen, bis das Brot auf Fingerdruck zurückspringt. Mit warmer Butter servieren.

- 500 g Pastinaken
- 1 EL Butter
- 1 ½ Pck. glutenfreie Trockenhefe
- 1 EL Zucker
- 550 g glutenfreie Mehlmischung für helle Brotsorten zzgl. etwas zum Bestäuben
- 1 TL Xanthan
- 1 TL Salz
- 1 EL fein gehackter frischer Rosmarin
- 40 ml Olivenöl
- 1 Ei, verquirlt
- 2 Rosmarinzweige, Blättchen abgezupft
- Fleur de sel und frisch gemahlener schwarzer Pfeffer

großes Backblech, mit Antihaftbackpapier ausgelegt

Ergibt 1 Brot

Dieses feurig scharfe Maisbrot mit seiner zarten Käsekruste ist ein prima Snack. Warm aus dem Ofen passt es ideal zu einem Chili con Carne, es schmeckt aber auch alleine oder belegt sowie getoastet vorzüglich.

Käse-Chili-Maisbrot

Für den Käse-Chili-Belag
2–3 rote Chilischoten, in feine Ringe geschnitten
1 EL Olivenöl
1 EL fein gehackter frischer Koriander
2 TL Zucker
100 g Cheddar, gerieben

Für das Maisbrot
90 g glutenfreies Mehl
2 TL glutenfreies Backpulver
½ TL Xanthan
300 g feines Maismehl
2 TL Natron
4 EL gehackter frischer Koriander
abgeriebene Schale von 1 unbehandelten Limette
3 Frühlingszwiebeln, fein gehackt
500 ml Buttermilch
50 g Butter, zerlassen und abgekühlt
3 Eier
Meersalz und frisch gemahlener schwarzer Pfeffer

Backform (30 × 23 cm), eingefettet und mit Antihaftbackpapier ausgelegt

Ergibt 1 großes Brot

Zuerst den Belag zubereiten. Dazu Chilischoten mit Öl in einer Pfanne anschwitzen. Mit Salz und Pfeffer würzen, Koriander hinzufügen und einige Minuten weich dünsten. Mit Zucker bestreuen und 1 Minute weiterdünsten, bis die Chilis karamellisieren. Anschließend abkühlen lassen.

Backofen auf 190 °C vorheizen.

Mehl, Backpulver und Xanthan in eine große Rührschüssel sieben. Maismehl, Natron, Koriander, Limettenschale und Frühlingszwiebeln hinzufügen.

In einer zweiten Schüssel Buttermilch, zerlassene Butter und Eier verrühren und mit Salz und Pfeffer würzen. Zu der Mehlmischung geben und alles vermengen.

Teig in die vorbereitete Backform geben und mit einem Teigspachtel glatt streichen. Geriebenen Käse darüberstreuen und die Chilis gleichmäßig darauf verteilen. Im vorgeheizten Backofen 30–35 Minuten backen, bis das Brot oben goldbraun ist.

Am besten schmeckt das Maisbrot warm am Tag seiner Zubereitung.

Dieses köstliche indische Brot ist der ideale Begleiter für Currys und andere scharfe Gerichte. Die Naans in diesem Rezept sind mit Schwarzkümmelsamen aromatisiert, aber man kann ihnen auch andere Geschmacksrichtungen verleihen, beispielsweise mit etwas Knoblauch oder fein gehacktem Koriander.

Naan

Lauwarme Milch, Hefe und Zucker in einer Schüssel verrühren und etwa 10 Minuten an einem warmen Ort quellen lassen, bis sich ein dicker Schaum auf der Flüssigkeit gebildet hat.

Mehl, Backpulver und Xanthan in eine große Rührschüssel sieben. Salz, Ei, Joghurt, zerlassenes Ghee, Schwarzkümmelsamen und die Hefemischung hinzufügen und mit einem Holzlöffel verrühren, bis ein geschmeidiger Teig entsteht. Den Teig in sechs Portionen teilen.

Arbeitsfläche großzügig mit Maismehl bestäuben und die einzelnen Teiglinge oval zu Fladen ausrollen, dabei auch das Nudelholz mit Maismehl bestäuben, damit der Teig nicht daran kleben bleibt. Ausgerollte Fladen auf Antihaftbackpapier oder eine Silikonbackmatte geben und ungefähr 45–60 Minuten an einen warmen Ort stellen, bis sie leicht aufgegangen sind.

Den Ofen auf 200 °C vorheizen.

Die Backbleche 5 Minuten vorheizen, bis sie sehr heiß sind. Die Teiglinge vorsichtig auf die Backbleche geben und 4–5 Minuten backen (unter Umständen ist es einfacher, dies nacheinander zu tun).

Die Brote aus dem Ofen nehmen. Einen Wok oder eine große Bratpfanne auf dem Herd stark erhitzen. Naans nacheinander hineingeben und einige Minuten auf beiden Seiten anbraten, bis sie ihre typischen dunklen Flecken erhalten. (Öl ist dazu nicht nötig.) Das geschmolzene Ghee mit einem Backpinsel auf die Naans streichen und am besten sofort servieren.

150 ml Milch, leicht erwärmt
1 ½ Pck. glutenfreie Trockenhefe
1 EL Zucker
300 g glutenfreie Mehlmischung für helle Brotsorten
1 TL glutenfreies Backpulver
1 TL Xanthan
1 TL Salz
1 Ei, verquirlt
125 g Naturjoghurt
1 EL Ghee (indische geklärte Butter), zerlassen und abgekühlt zzgl. etwas zum Bestreichen (optional)
1 EL Schwarzkümmelsamen
feines gelbes Maismehl zum Bestäuben

Antihaftbackpapier oder Silikonbackmatte (optional)

2 große Backbleche, eingefettet

Ergibt 6 Naans

Fingerfood & Snacks

Dieses pikante Feingebäck passt vorzüglich zu einem Glas Sherry und kann mit jeder beliebigen Hartkäsesorte bestreut werden.

Käsestangen

Für den Teig

200 g Butter, gekühlt

175 g glutenfreie Mehlmischung, gesiebt, zzgl. etwas zum Bestäuben

2 TL Zitronensaft

1 TL Xanthan

Zum Bestreuen

80 g Cheddar, fein gerieben

30 g Parmesan, fein gerieben

Meersalz und frisch gemahlener schwarzer Pfeffer

Antihaftbackpapier

großes Backblech, eingefettet

Ergibt 20 Käsestangen

Die Hälfte der Butter in kleine Würfel schneiden und mit den Fingerspitzen oder mit einer Küchenmaschine in das Mehl einarbeiten. Zitronensaft und Xanthan einrühren. Wenn nötig, nach und nach 60–80 ml eiskaltes Wasser hinzugießen und rühren, bis ein glatter Teig entsteht. Der Teig sollte weich aber nicht klebrig sein.

Die zweite Hälfte der kalten Butter mit einer groben Reibe zu Flocken reiben und bis zum Verarbeiten kaltstellen – am besten im Tiefkühlfach.

Einen großen Bogen Antihaftbackpapier auf eine Arbeitsfläche legen und großzügig bemehlen. Teig auf das Backpapier geben und ebenfalls großzügig mit Mehl bestäuben. Nudelholz einmehlen und den Teig damit zu einem langen Rechteck ausrollen (ca. 50 × 18 cm). Die Hälfte der geriebenen Butter auf dem Teig verteilen und großzügig mit Mehl bestäuben. Die beiden äußeren Drittel des Teiges nacheinander über das mittlere Drittel falten und die aufeinanderliegenden Schichten mit den Händen festdrücken (das Backpapier als Hilfsmittel zum Einschlagen des Teigs verwenden). Nun hat man ein Rechteck vor sich, das ungefähr ein Drittel so groß ist, wie das ursprüngliche Rechteck.

Arbeitsfläche und Nudelholz erneut mit Mehl bestäuben, den Teig wenden und wieder zu einem 50 × 18 cm großen Rechteck und in die gleiche Richtung wie zuvor ausrollen (nicht um 90 Grad drehen, wie es bei traditionellem Blätterteig der Fall ist). Restliche geriebene Butter auf den Teig streuen, erneut mit Mehl bestäuben und wieder wie oben beschrieben einschlagen.

Arbeitsfläche und Nudelholz ein weiteres Mal bemehlen und die obigen Schritte noch zweimal wiederholen (diesmal ohne zusätzliche Butter, aber immer mit Mehl bestäubt). Dabei stets darauf achten, dass die Zugrichtung und die Falten gleich bleiben, da die Schichten so besser aufgehen. Ungleichmäßige Kanten abschneiden, und schon ist der Teig fertig für die Weiterverarbeitung. Den Teig am besten sofort verwenden und nicht kühlen.

Backofen auf 180 °C vorheizen.

Teig auf einer bemehlten Arbeitsfläche zu einem 2–3 mm dicken Rechteck ausrollen und 20 kleinere Rechtecke zu je 12 × 2 cm ausschneiden. Diese mit einem Küchenspachtel auf das vorbereitete Backblech legen. Geriebenen Cheddar und Parmesan mischen und auf die Teigrechtecke streuen. Mit Salz und Pfeffer würzen und im vorgeheizten Ofen 10–15 Minuten backen, bis Teig und Käse goldbraun sind. Käsestangen vor dem Servieren auf dem Backblech abkühlen lassen.

Diese Häppchen aus Blätterteig sind einfache, aber eindrucksvolle Kanapees. Als nicht weniger köstliche Alternative kann man diese Törtchen auch mit gegrillten Paprikaschoten anstelle der Tomaten zubereiten.

Tomaten-Mozzarella-Törtchen

Für den Teig
200 g Butter, gekühlt
175 g glutenfreie Mehlmischung, gesiebt, zzgl. etwas zum Bestäuben
2 TL Zitronensaft
1 TL Xanthan

Für den Belag
5 EL Pesto
16 kleine Kirschtomaten
32 Mozzarellakügelchen
frische Basilikumblätter zum Dekorieren
natives Olivenöl Extra zum Beträufeln
Meersalz und frisch gemahlener schwarzer Pfeffer

Antihaftbackpapier

runde Ausstecher (Ø 6 cm und Ø 8 cm)

großes Backblech, eingefettet und mit Antihaftbackpapier ausgelegt

Ergibt 16 Törtchen

Für den Blätterteig die Anweisungen für die Käsestangen auf Seite 68 bis zu dem Punkt befolgen, wo der Teig bereit zur Weiterverarbeitung ist.

Backofen auf 180 °C vorheizen.

Teig auf einer bemehlten Arbeitsfläche zu einem ca. 2–3 mm dicken Rechteck ausrollen. Mit der größeren Ringform 16 Kreise ausstechen und diese vorsichtig auf das vorbereitete Backblech legen.

Mit dem kleinen Ausstecher in der Mitte jedes Teigkreises einen kleineren Kreis markieren, aber nicht ganz durchstechen. Dadurch kann der Blätterteig am Rand beim Backen schön aufgehen. Ungefähr 1 TL Pesto in die Mitte jedes Kreises geben.

Die Kirschtomaten halbieren und auf jeden Kreis zwei Tomatenhälften und zwei Mozzarellakügelchen legen. Mit Salz und Pfeffer würzen. Die Blätterteigtörtchen im vorgeheizten Backofen 10–15 Minuten backen, bis der Teig goldbraun ist sowie der Käse und die Tomaten weich sind. Vor dem Servieren mit Basilikumblättern dekorieren und mit etwas Olivenöl beträufeln.

Diese zarten Cracker passen sehr gut als Knabberei zu einem Drink. Die Möglichkeiten sie zu garnieren sind nahezu unbegrenzt. In diesem Rezept werden Salz und Pfeffer, Mohnsamen, Sesam – und Piri-Piri-Flocken für etwas Schärfe – verwendet, aber man könnte auch gehackte Nüsse oder chinesisches Fünf-Gewürze-Pulver verwenden.

Olivenölcracker

Mehl und Backpulver in eine große Rührschüssel sieben. Olivenöl und 100 ml Wasser hinzugießen und zu einem geschmeidigen Teig verarbeiten. Anschließend den Teig 1 Stunde im Kühlschrank ruhen lassen.

Backofen auf 200 °C vorheizen.

Den Teig auf einer bemehlten Arbeitsfläche sehr dünn ausrollen. (Hierbei ist es wichtig, dass die Arbeitsfläche, das Nudelholz und die Oberseite des Teigs mit sehr viel Mehl bestäubt werden, da der Teig klebrig sein kann.) Ungefähr 30 Kreise ausstechen und diese auf die vorbereiteten Backbleche legen. Jeden Cracker großzügig mit Olivenöl bestreichen und jeweils mit Salz und Pfeffer, Mohnsamen, Sesamsaat oder Piri-Piri-Flocken bestreuen.

Die Cracker im vorgeheizten Backofen 6–10 Minuten backen, bis sie goldbraun sind. Aus dem Ofen nehmen und einige Minuten auf den Backblechen abkühlen lassen, dann auf ein Kuchengitter geben und vollständig erkalten lassen.

Die Cracker halten sich in einem luftdichten Behälter bis zu fünf Tage.

Für den Teig
200 g glutenfreies Mehl
zzgl. etwas zum Bestäuben
1 TL glutenfreies Backpulver
25 ml natives Olivenöl Extra
zzgl. etwas zum Bestreichen

Zum Bestreuen
Piri-Piri-Flocken
Mohnsamen
Sesamsaat
grobes Meersalz und frisch
gemahlener schwarzer Pfeffer

runder Ausstecher (Ø 6 cm)

2 Backbleche, eingefettet und mit Antihaftbackpapier ausgelegt

Ergibt 30 Cracker

Als Abendessen kann man diese Käseplätzchen mit einem pikanten Chutney servieren. Dank des üppigen Cheddars sind sie sehr geschmackvoll und zergehen auf der Zunge. Sie sind schnell und einfach zubereitet und halten sich in einem luftdichten Behälter sehr gut – allerdings sind sie ziemlich zerbrechlich, daher sollte man vorsichtig mit ihnen umgehen.

Käseplätzchen

170 g glutenfreies Mehl zzgl. etwas zum Bestäuben
115 g Butter, gekühlt und gewürfelt
100 g Cheddar, gerieben
1–2 EL Milch (optional)

runder Ausstecher (Ø 8 cm)

großes Backblech, eingefettet und mit Antihaftbackpapier ausgelegt

Ergibt 15 Plätzchen

Mehl in eine große Rührschüssel sieben. Butter mit den Fingerspitzen in das Mehl einarbeiten, bis die Mischung feinen Semmelbröseln gleicht. Käse hinzufügen, alles vermengen und zu einem geschmeidigen Teig verarbeiten. Wenn die Mischung zu trocken ist, etwas Wasser oder Milch hinzufügen. Den Teig in Frischhaltefolie wickeln und 1 Stunde im Kühlschrank ruhen lassen.

Backofen auf 180 °C vorheizen.

Den Teig auf einer bemehlten Arbeitsfläche 2–3 mm dick ausrollen und 15 Kreise ausstechen. Plätzchen auf dem Backblech verteilen und im vorgeheizten Ofen 10–15 Minuten goldbraun backen. Vor dem Servieren auf dem Backblech abkühlen lassen.

Diese einfachen Haferkekse eignen sich perfekt als Vorrat. Sie lassen sich schnell und unkompliziert zubereiten und passen gut zu Käse und Chutneys. Auch für den Boden des Käsekuchens auf Seite 132 sind sie ideal geeignet.

Haferkekse

- 200 g glutenfreie Haferflocken
- 80 g glutenfreie Mehlmischung, gesiebt, zzgl. etwas zum Bestäuben
- 1 TL Natron
- 1 TL Salz
- 1 TL Zucker
- 80 g Butter, gekühlt und gewürfelt
- 80 ml Milch, leicht erwärmt

runder Ausstecher (Ø 8 cm)

Backblech, eingefettet und mit Antihaftbackpapier ausgelegt

Ergibt 16 Kekse

Backofen auf 180 °C vorheizen.

Haferflocken, Mehl, Natron, Salz und Zucker in eine große Rührschüssel geben. Butter mit den Fingerspitzen in die Hafermischung einarbeiten. Milch hinzugießen und zu einem festen Teig verarbeiten. Wenn die Mischung zu trocken ist, etwas Milch hinzufügen.

Den Teig auf einer bemehlten Arbeitsfläche dünn ausrollen und mit dem Ausstecher möglichst platzsparend Kreise ausstechen. Teigreste erneut ausrollen. (Der Teig sollte allerdings nur einmal neu ausgerollt werden, da er durch das zusätzliche Mehl krümelig und schwierig zu verarbeiten wird.)

Haferkekse mit ein wenig Abstand zueinander auf das vorbereitete Backblech legen und im vorgeheizten Backofen 15 Minuten backen. Die Kekse wenden und weitere 5–10 Minuten backen, bis sie knusprig und leicht goldbraun sind. Das Backblech aus dem Ofen nehmen und zuerst einige Minuten abkühlen lassen, dann die Haferkekse auf ein Kuchengitter geben und komplett erkalten lassen.

Die Haferkekse halten sich in einem luftdichten Behälter bis zu fünf Tage.

Anstatt mit Brät sind die Wachteleier hier mit Schellfisch umhüllt und mit knusprigen glutenfreien Semmelbröseln paniert. Diese Schottischen Eier sind hervorragende Picknicksnacks, man kann sie jedoch beispielsweise auch zu einer cremigen Suppe aus geräuchertem Schellfisch servieren.

Schottische Eier mit Schellfisch

8 Wachteleier
500 ml Milch
1 Knoblauchzehe, geschält und in dünne Scheiben geschnitten
150 g Kartoffeln, geschält und geviertelt
1 Thymianzweig
250 geräucherter Schellfisch (ohne Farbstoff), entgrätet
4 Scheiben glutenfreies Brot
3–4 EL glutenfreies Mehl
2 Eier, verquirlt
Pflanzenöl zum Frittieren
Meersalz und frisch gemahlener schwarzer Pfeffer

Ergibt 8 Stück

Wasser in einem Topf zum Kochen bringen, die Wachteleier vorsichtig hineingeben, 2 ½ Minuten kochen, abgießen und in kaltem Wasser abschrecken. Nach dem Abkühlen pellen und beiseitestellen.

Milch und Knoblauch in einen Topf geben und zum Kochen bringen. Kartoffeln und Thymian hinzugeben und bei schwacher Hitze 15–20 Minuten köcheln, bis die Kartoffeln beginnen, weich zu werden. Fisch hinzugeben und 10–15 Minuten garen. Topf vom Herd nehmen, die Kartoffeln in der Flüssigkeit abkühlen lassen, den Fisch auf einen Teller legen und Haut oder noch verbliebene Gräten entfernen.

Die abgekühlten Kartoffeln abgießen, dabei jedoch ein wenig der Kochmilch auffangen. Thymianzweig entfernen und Kartoffeln stampfen. Den Fisch zerpflücken, zu den Kartoffeln geben und alles gut miteinander vermengen. Ist die Mischung zu trocken, etwas von der Kochmilch hinzufügen. Mit Pfeffer und einer Prise Salz würzen.

Eine Lage Frischhaltefolie auf eine ebene Arbeitsfläche legen. Einen Löffel der Kartoffel-Fisch-Mischung in die Mitte der Folie geben und mit der Rückseite des Löffels sehr flach pressen. Ein Wachtelei daraufsetzen, die Frischhaltefolie hochziehen und das Ei mit der Kartoffel-Fisch-Mischung vollständig umhüllen. Frischhaltefolie entfernen, mit den Händen eine Kugel formen und diese auf einen Teller beiseitelegen. Den Vorgang mit den restlichen Eiern wiederholen. Anschließend die Kugeln für mindestens 30 Minuten in den Kühlschrank stellen.

Das Brot in der Küchenmaschine zu feinen Semmelbröseln zermahlen und in eine Schüssel geben. Mehl in eine zweite und die verquirlten Eier in eine dritte Schüssel geben. Öl in einem schweren Topf oder einer Fritteuse erhitzen. Mit einigen Semmelbröseln testen – sie sollten beim Hineingeben brutzeln – ob das Öl heiß genug ist.

Die Schellfischbällchen leicht im Mehl wenden, anschließend erst in den verquirlten Eiern und dann in den Semmelbröseln rollen. Vorsichtig in das heiße Öl geben und ca. 2–3 Minuten frittieren, bis sie von allen Seiten goldbraun sind.

Auf den ersten Blick mögen die Zutaten etwas ungewöhnlich erscheinen, aber dank Currypulver, Mango-Chutney und Schwarzkümmelsamen sind diese Wurströllchen absolut unwiderstehlich. Dazu serviere ich gerne einen milden indischen Gurkenjoghurt oder scharfes eingelegtes Gemüse.

Scharfe Wurströllchen

Mehl, Butter und Frischkäse in die Rührschüssel einer Küchenmaschine geben und rühren, bis die Mischung feinen Semmelbröseln ähnelt. Eigelb und Senf hinzufügen und mit den Händen zu einem geschmeidigen Teig verarbeiten. Wenn die Mischung zu trocken ist, etwas Wasser, und wenn sie zu klebrig ist, etwas Mehl hinzufügen. Teig zu einer Kugel formen, in Frischhaltefolie wickeln und 1 Stunde im Kühlschrank ruhen lassen.

Für die Füllung zuerst die Pelle der Bratwürste entfernen und wegwerfen. Brät mit Mango-Chutney und Currypulver vermischen, mit Salz und Pfeffer würzen. Anschließend mit Frischhaltefolie abdecken und bis zur Weiterverarbeitung kühl stellen.

Backofen auf 180 °C vorheizen.

Den gekühlten Teig in zwei Portionen teilen. Antihaftbackpapier auf eine Arbeitsfläche legen und bemehlen. Jede Teigportion einzeln auf einem Backpapier zu einem Rechteck von ca. 30 × 18 cm Größe und 2 mm Dicke ausrollen. Die Brätmischung halbieren und damit auf der gesamten Länge eines der Rechtecke mittig eine Wurst formen. Beide langen Ränder des Rechtecks mit ein wenig Wasser befeuchten und eine Hälfte der Teigplatte mithilfe des Backpapiers anheben und so über die Füllung legen, dass beide Ränder aufeinanderliegen.

Mit den Fingerspitzen festdrücken, um die Wurstfüllung zu verschließen. Überschüssigen Teig am langen Ende mit einem scharfen Messer abschneiden und die Ränder mit einer Gabel eindrücken. Die Rolle in sechs Wurströllchen schneiden und anschließend auf das vorbereitete Backblech geben. Vorgang mit dem zweiten Rechteck und der restlichen Brätmischung wiederholen. Die Oberseite der Wurströllchen mit Ei bestreichen und Schwarzkümmelsamen darüberstreuen.

Im vorgeheizten Backofen 25–30 Minuten goldbraun backen. Die Röllchen schmecken warm oder kalt und halten sich im Kühlschrank in einem luftdichten Behälter bis zu drei Tage.

Für den Teig

180 g glutenfreie Mehlmischung, gesiebt, zzgl. etwas zum Bestäuben
80 g Butter, gekühlt
1 EL Frischkäse
1 Eigelb
1 TL glutenfreier Dijonsenf

Für die Füllung

400 g glutenfreie Schweinebratwürste
1 EL Mango-Chutney
1–2 TL scharfes Currypulver
Meersalz und frisch gemahlener schwarzer Pfeffer

Für die Glasur

1 Ei, verquirlt
Schwarzkümmelsamen zum Bestreuen

Antihaftbackpapier

Backblech, eingefettet und mit Antihaftbackpapier ausgelegt

Ergibt 12 Röllchen

Meine liebe Freundin Kathy Brown ist eine Expertin auf dem Gebiet essbarer Blumen, und das gemeinsame Präsentieren von Speisen ist eine unserer Lieblingsbeschäftigungen. Diese niedlichen Champignonkanapees gehören dabei zu unseren bevorzugten Rezepten. Mit hübschen Thymianblüten oder kleinen Thymianzweigen garniert sind sie nicht zuletzt dank ihrer schnellen und einfachen Zubereitungen ein großer Hit bei allen Partys.

Gefüllte Pilze mit Thymianblüten

20 kleine Pilze mit geöffnetem Hut
3 Scheiben glutenfreies Brot
50 g Cranberrys
1 Knoblauchzehe, geschält
1 TL Thymianblättchen
45 ml Olivenöl zzgl. etwas zum Beträufeln
Meersalz und frisch gemahlener schwarzer Pfeffer
Thymianblüten oder kleine Thymianzweige zum Garnieren (optional)

Backofen auf 180 °C vorheizen.

Pilze mit Küchenpapier putzen, um sämtlichen Verunreinigungen zu beseitigen, und die Stiele entfernen. Hüte auf das vorbereitete Backblech setzen.

Pilzstiele, Brot, Cranberrys, Knoblauch, Thymianblättchen und Olivenöl in eine Küchenmaschine geben und zerkleinern. Anschließend mit Salz und Pfeffer würzen. Die Mischung in die Pilzhüte löffeln und mit Olivenöl beträufeln.

Pilze im vorgeheizten Backofen 15–20 Minuten backen, bis die Füllung knusprig ist und die Pilze weich geworden sind. Mit Thymianblüten oder kleinen Thymianzweigen garnieren und noch warm servieren.

Backblech mit Antihaftbackpapier ausgelegt

Ergibt 20 Stück

Es geht doch nichts über Würströllchen. Diesem speziellen Rezept habe ich geriebenen Apfel hinzugefügt, um eine saftige Brätfüllung zu erhalten, und alles mit einem Senf-Blätterteig-Mantel umhüllt.

Wurströllchen mit Apfel

Für den Teig die Butter mit den Fingerspitzen in das Mehl einarbeiten. Senf, Frischkäse und Eigelb hinzufügen und zu einem geschmeidigen Teig verarbeiten. Wenn die Mischung zu trocken ist, etwas Wasser zugeben. Teig zu einer Kugel formen, in Frischhaltefolie wickeln und 1 Stunde im Kühlschrank ruhen lassen.

Für die Füllung die Zwiebel schälen und fein würfeln. In einer Pfanne Öl erhitzen und die Zwiebelwürfel darin weich dünsten. Anschließend abkühlen lassen.

Die Pelle der Bratwürste entfernen und wegwerfen. Den Apfel schälen, entkernen und in eine Schüssel raspeln. Brät und Zwiebeln hinzufügen und alles gut vermischen (am besten mit den Händen). Mit Salz und Pfeffer würzen. Abdecken und bis zum Füllen der Röllchen in den Kühlschrank stellen.

Backofen auf 180 °C vorheizen.

Den Teig aus dem Kühlschrank nehmen und halbieren. Antihaftbackpapier auf eine Arbeitsfläche legen und bemehlen. Jede Teigportion einzeln auf einem Backpapier zu einem Rechteck von ca. 30 × 18 cm Größe und 2 mm Dicke ausrollen. Die Brätmischung halbieren und damit auf der gesamten Länge eines der Rechtecke mittig eine Wurst formen. Beide langen Ränder des Rechtecks mit ein wenig Wasser befeuchten und eine Hälfte der Teigplatte mithilfe des Backpapiers anheben und so über die Füllung legen, dass beide Ränder aufeinanderliegen.

Mit den Fingerspitzen festdrücken, um die Wurstfüllung zu verschließen. Überschüssigen Teig am langen Ende mit einem scharfen Messer abschneiden und die Ränder mit den Fingern eindrücken. Die Rolle in sechs Wurströllchen schneiden und anschließend auf das vorbereitete Backblech geben. Vorgang mit dem zweiten Rechteck und der restlichen Brätmischung wiederholen. Etwaige Risse im Teig zusammendrücken. Zwei kleine Schlitze in die Oberseite der Röllchen ritzen, damit Luft entweichen kann. Für die Glasur Eier und Senf verquirlen und die Oberseite der Röllchen damit bestreichen. Mit etwas zerstoßenem schwarzem Pfeffer bestreuen und im vorgeheizten Backofen 25–30 Minuten backen, bis der Teig goldbraun und die Wurstfüllung gar ist.

Die Röllchen können warm oder kalt serviert werden und halten sich im Kühlschrank in einem luftdichten Behälter bis zu drei Tage.

Für den Teig
80 g Butter, gekühlt
180 g glutenfreie Mehlmischung, gesiebt, zzgl. etwas zum Bestäuben
1 TL glutenfreier Dijonsenf
1 EL Frischkäse
1 Eigelb

Für die Füllung
1 kleine Zwiebel
1 EL Olivenöl
400 g glutenfreie Schweinebratwürste
1 kleiner Apfel
Meersalz und frisch gemahlener schwarzer Pfeffer

Für die Glasur
1 Ei, verquirlt
2 TL glutenfreier Dijonsenf
zerstoßener schwarzer Pfeffer

Antihaftbackpapier

Backblech, eingefettet und mit Antihaftbackpapier ausgelegt

Ergibt 12 Röllchen

Diese luftigen Windbeutel ergeben vorzügliche Kanapees. Mit Ziegenfrischkäse und krossem Speck gefüllt schmecken sie köstlich. Wenn man einmal mit der Zubereitung von Brandteig vertraut ist, kann man mit unzähligen Füllungen experimentieren – von Krabben-Avocado-Mousse über Pilzcreme bis zu Räucherlachs mit Frischkäse.

Käse-Speck-Windbeutel

Für die Windbeutel
65 g glutenfreies Mehl
50 g Butter
2 große Eier
30 g Emmentaler, fein gerieben
25 g Räucherspeck, kross gebraten und fein gehackt

Für die Füllung
150 g Ziegenfrischkäse
300 g Crème double
1 EL Schnittlauch, in kleine Röllchen geschnitten
Meersalz und frisch gemahlener schwarzer Pfeffer

Backblech, eingefettet und mit Antihaftbackpapier ausgelegt

2 Spritzbeutel mit großen, runden Tüllen

Ergibt 20 Stück

Backofen auf 200 °C vorheizen.

Mehl zweimal hintereinander in eine große Rührschüssel sieben, um sämtliche Klümpchen zu beseitigen. Butter in einem Topf zusammen mit 150 ml Wasser erwärmen, bis sie geschmolzen ist, anschließend zum Kochen bringen. Das gesamte Mehl zügig und auf einmal hinzugeben, anschließend den Topf vom Herd nehmen. Mit einem Holzlöffel so lange fest rühren, bis ein Kloß entsteht und dieser sich von den Seitenwänden des Topfs löst. Die Masse ca. 5 Minuten abkühlen lassen. Eier verquirlen, nach und nach mit einem Schneebesen in den Teig einrühren. Es ergibt sich eine klebrige Teigmischung, die ihre Form beibehält, wenn man den Schneebesen hebt.

Den Brandteig in einen der Spritzbeutel füllen und 20 Windbeutel auf das vorbereitete Backblech spritzen. Mit sauberen, nassen Fingerspitzen die durch das Spritzen entstandenen Zipfel glatt streichen. Die Windbeutel mit geriebenem Käse und gehacktem Speck bestreuen und im vorgeheizten Ofen 12–15 Minuten backen. Aus dem Ofen herausnehmen und mit einem scharfen Messer einen kleinen Schlitz in die Windbeutel ritzen, damit später der Dampf austreten kann. Anschließend zurück in den Ofen geben und weitere 5 Minuten knusprig backen. Auf einem Kuchengitter abkühlen lassen und anschließend in zwei Hälften schneiden.

Für die Füllung Ziegenfrischkäse und Crème double miteinander vermengen, bis sich kleine Häubchen bilden. Kräftig mit Salz und Pfeffer würzen und die Schnittlauchröllchen unterziehen. Die Mischung in den zweiten Spritzbeutel geben und die Windbeutel damit füllen. Nach dem Füllen sofort servieren.

Als ich noch klein war, hat meine Mutter diese Päckchen, die zu den Lieblingsspeisen meiner Kindheit gehörten, für Picknicks zubereitet. Ihre Zubereitung ist sehr einfach und durch den zart schmelzenden Käse wird der Brotmantel einfach umwerfend köstlich. Ketchup passt als Dip hervorragend.

Käse-Wurst-Päckchen

- 12 Scheiben glutenfreies Brot
- 200 g weiche Butter
- 200 g Cheddar, gerieben
- 2 TL glutenfreier körniger Senf
- 12 glutenfreie Chipolatas (dünne Schweinebratwürstchen)
- Meersalz und frisch gemahlener schwarzer Pfeffer

Zahnstocher oder Dekospießchen

Backblech, eingefettet und mit Antihaftbackpapier ausgelegt

Ergibt 12 Stück

Backofen auf 180 °C vorheizen.

Krusten der Brotscheiben abschneiden und beiseitelegen (sie werden für dieses Rezept nicht benötigt). Die Brotscheiben mit einem Nudelholz dünn ausrollen.

Die Butter mit geriebenem Käse und Senf verrühren, danach mit Salz und Pfeffer würzen. Eine Brotscheibe großzügig mit der Käse-Butter-Mischung bestreichen, an einem Rand einen Streifen freilassen und auf die diesem Streifen gegenüberliegende Seite ein Würstchen legen. Brotscheibe so aufrollen, dass das Würstchen vom Brot umhüllt wird und der freie Rand nach oben weist. Mit einem Zahnstocher oder Dekospießchen feststecken. Vorgang mit den restlichen Brotscheiben und Würstchen wiederholen und die fertigen Rollen auf das vorbereitete Backblech legen. Im vorgeheizten Backofen 25–30 Minuten backen, bis die Würstchen gar sind und das Brot goldbraun ist. Wenn die Päckchen fertig sind, sofort vom Backblech nehmen und auf einem Kuchengitter abkühlen lassen.

Die Päckchen können warm oder kalt gegessen werden und halten sich im Kühlschrank in einem luftdichten Behälter bis zu zwei Tage.

Pasteten & Tartes

Diese verführerische Tarte mit einem Hauch von Trüffel und cremigen Waldpilzen eignet sich ideal als vollwertiges Abendessen oder als Teil eines raffinierten Buffets.

Trüffel-Waldpilz-Tarte

Zuerst die Füllung vorbereiten, da die Pilze abkühlen müssen, bevor sie auf die Tarte gegeben werden. Die getrockneten Steinpilze mit kochendem Wasser übergießen, 20 Minuten einweichen lassen, abgießen und abspülen, um sämtlichen Schmutz zu entfernen. Danach fein hacken. Die frischen Pilze mit einem Küchentuch säubern und grob hacken. Butter in einer großen Pfanne zerlassen. Pilze, ganze Knoblauchzehen, Rosmarin und Thymian zugeben. Bei schwacher Hitze ca. 5 Minuten braten, bis die Pilze weich sind und erdig riechen. Mit Trüffelsalz und Pfeffer würzen und abkühlen lassen.

Für den Teig die Butter mit den Fingerspitzen in das Mehl einarbeiten. Frischkäse, Trüffelöl und Salz hinzufügen. Alles vermengen und zu einer weichen Kugel formen. Wenn der Teig zu trocken ist, 1–2 EL Wasser hinzufügen. Den Teig in Frischhaltefolie wickeln und 1 Stunde im Kühlschrank ruhen lassen.

Anschließend auf einer bemehlten Arbeitsfläche ausrollen und die vorbereitete Tarteform damit auslegen. Den Teig am Boden und Rand fest mit den Fingern andrücken und Überstand mit einem scharfen Messer abschneiden. Wenn der Teig reißt, kann man ihn einfach mit abgeschnittenen Teigresten ausbessern. Den Teigboden mit einer Gabel einstechen und weitere 30 Minuten im Kühlschrank ruhen lassen.

Backofen auf 180 °C vorheizen.

Den Teigboden mit Antihaftbackpapier auslegen, mit getrockneten Hülsenfrüchten beschweren und im vorgeheizten Backofen 15–20 Minuten goldbraun backen. Aus dem Ofen nehmen und etwas abkühlen lassen. Backpapier und Hülsenfrüchte entfernen. Backofentemperatur auf 120 °C senken.

Eier, Eigelbe und Crème double verquirlen, mit Trüffelsalz und Pfeffer würzen und auf den Teigboden geben. Die Knoblauchzehen, Rosmarin- und Thymianzweige aus der Pilzmischung entfernen und diese über die Eimischung geben – dabei sinken die Pilze leicht ein, bleiben aber oben noch sichtbar. Tarte vorsichtig in den Ofen stellen und ca. 1 ½ Stunden backen, bis sie oben goldbraun ist und sich die Füllung leicht gesetzt hat – die Mitte sollte noch etwas wackelig sein. Abkühlen lassen und anschließend bis zum Servieren kalt stellen.

Die Tarte hält sich im Kühlschrank, in einem luftdichten Behälter oder mit Frischhaltefolie bedeckt, bis zu drei Tage.

Für die Pilzfüllung

25 g getrocknete Steinpilze
375 g Pilze (z. B. weiße oder braune Champignons)
50 g Butter
2 Knoblauchzehen, geschält
1 Rosmarinzweig
3 Thymianzweige
Trüffelsalz (alternativ normales Meersalz) und frisch gemahlener schwarzer Pfeffer

Für den Teig

75 g Butter, gekühlt und gewürfelt
190 g glutenfreie Mehlmischung, gesiebt, zzgl. etwas zum Bestäuben
75 g Frischkäse
1 EL Trüffelöl
¼ TL Salz

Für die Eiersahne

2 ganze Eier zzgl. 3 Eigelb
400 g Crème double
Trüffelsalz (alternativ Meersalz und Trüffelöl) und frisch gemahlener schwarzer Pfeffer

Tarteform mit Hebeboden (Ø 25 cm), eingefettet

Antihaftbackpapier

getrocknete Hülsenfrüchte zum Blindbacken

Ergibt 8 Portionen

Mit ihrer zarten Zitronencremefüllung und dem mit Frischkäse aufgelockerten Teig ist unsere Tarte eine wunderbare Alternative zu den klassischen Zubereitungsarten dieses köstlichen Gemüses.

Spargeltarte

Für den Teig
75 g Butter, gekühlt und gewürfelt
190 g glutenfreies Mehl, gesiebt, zzgl. etwas zum Bestäuben
75 g Frischkäse
¼ TL Salz

Für die Füllung
250 g grüner Spargel
5 Eigelb
300 g Sahne
abgeriebene Schale von 1 unbehandelten Zitrone
Meersalz und frisch gemahlener schwarzer Pfeffer

Tarteform mit Hebeboden (30 × 18 cm), eingefettet

Antihaftbackpapier

getrocknete Hülsenfrüchte zum Blindbacken

Ergibt 8 Portionen

Die holzigen Endstücke des Spargels abschneiden und die Stangen anschließend in einem Topf mit kochendem Salzwasser 3 Minuten garen, bis sie beginnen, weich zu werden. In einer Schüssel mit eiskaltem Wasser abschrecken, abtropfen lassen und zum Belegen der Tarte beiseitestellen.

Für den Teig die Butter mit den Fingerspitzen in das Mehl einarbeiten, dann Frischkäse und Salz hinzufügen. Alles vermengen und zu einer weichen Kugel formen. Wenn der Teig zu trocken ist, 1–2 EL Wasser hinzufügen. Den Teig in Frischhaltefolie wickeln und 1 Stunde im Kühlschrank ruhen lassen.

Anschließend auf einer bemehlten Arbeitsfläche 2–3 mm dick ausrollen und die vorbereitete Tarteform damit auslegen. Den Teig am Boden und Rand fest mit den Fingern andrücken und Überstand mit einem scharfen Messer abschneiden. Wenn der Teig reißt, ist dies kein Grund zur Sorge, man kann Risse einfach mit abgeschnittenen Teigresten ausbessern. Den Boden mit einer Gabel einstechen und weitere 30 Minuten im Kühlschrank ruhen lassen.

Backofen auf 180 °C vorheizen.

Den Teigboden mit Antihaftbackpapier auslegen, mit getrockneten Hülsenfrüchten beschweren und 15–20 Minuten goldbraun backen. Aus dem Ofen nehmen und etwas abkühlen lassen. Backpapier und Hülsenfrüchte entfernen. Backofentemperatur auf 120 °C senken.

Eigelbe, Sahne und Zitronenschale verquirlen, mit Salz und Pfeffer würzen und auf den Teigboden geben. Spargelstangen dekorativ auf der Tarte verteilen. Sie sinken dabei leicht ein, bleiben aber oben noch sichtbar. Tarte vorsichtig in den Ofen stellen und ca. 1 ½ Stunden backen, bis sie oben goldbraun ist und sich die Füllung leicht gesetzt hat – die Mitte sollte noch etwas wackelig sein. Abkühlen lassen und anschließend bis zum Servieren kalt stellen.

Die Tarte hält sich im Kühlschrank, in einem luftdichten Behälter oder mit Frischhaltefolie bedeckt, bis zu drei Tage.

Diese Lauchtarte ist mit sehr viel Butter und Sahne verfeinert. Am besten sollte man sie nur mit einem Salat servieren, damit nicht zu viele Kalorien dazukommen.

Lauchcremetarte

Für die Lauchfüllung
800 g Lauch
100 g Butter
Meersalz und frisch gemahlener schwarzer Pfeffer

Für den Teig
80 g Butter, gekühlt
180 g glutenfreie Mehlmischung, gesiebt, zzgl. etwas zum Bestäuben
½ TL Salz
100 g Cheddar, gerieben

Für die Eiersahne
6 Eigelb
350 g Crème double
Meersalz und frisch gemahlener schwarzer Pfeffer

Tarteform (Ø 25 cm), eingefettet

Antihaftbackpapier

getrocknete Hülsenfrüchte zum Blindbacken

Ergibt 8 Portionen

Zuerst den Lauch zubereiten, da er abkühlen muss, bevor er weiterverwendet wird. Lauchstangen putzen, waschen, in schmale Ringe schneiden und mit der Butter zusammen in einer Pfanne angehen lassen. Mit Salz und Pfeffer würzen und bei schwacher Hitze ca. 15–20 Minuten dünsten, bis die Lauchringe weich sind und zu karamellisieren beginnen – sie sollten aber nicht braun werden. Zum Abkühlen beiseitestellen.

Für den Teig die Butter mit den Fingerspitzen in das Mehl einarbeiten, dann Salz und Käse hinzufügen. Alles vermengen und zu einer weichen Kugel formen. Wenn der Teig zu trocken ist, 1–2 EL Wasser hinzufügen. Den Teig in Frischhaltefolie wickeln und 1 Stunde im Kühlschrank ruhen lassen.

Anschließend auf einer bemehlten Arbeitsfläche 2–3 mm dick ausrollen und die vorbereitete Tarteform damit auslegen. Den Teig am Boden und Rand fest andrücken und Überstand mit einem scharfen Messer abschneiden. Risse kann man einfach mit Teigresten ausbessern. Den Boden mit einer Gabel einstechen und weitere 30 Minuten im Kühlschrank ruhen lassen.

Backofen auf 180 °C vorheizen.

Den Teigboden mit Antihaftbackpapier auslegen, mit getrockneten Hülsenfrüchten beschweren und 15–20 Minuten goldbraun backen. Aus dem Ofen nehmen und etwas abkühlen lassen. Backpapier und Hülsenfrüchte entfernen. Backofentemperatur auf 120 °C senken.

Ungefähr drei viertel der abgekühlten Lauchringe gleichmäßig auf dem Teigboden verteilen, ein viertel zum Garnieren aufheben. Eigelbe und Crème double in einer Schüssel verquirlen und mit Salz und Pfeffer würzen. Die Sahnemischung über die Lauchringe gießen und die beiseitegestellten Lauchringe mit einem Löffel darübergeben. Tarte vorsichtig in den Ofen stellen und ca. 1 ½ Stunden backen, bis sie oben goldbraun ist und sich gesetzt hat – die Mitte sollte noch etwas wackelig sein. Abkühlen lassen und anschließend bis zum Servieren kalt stellen.

Die Tarte hält sich im Kühlschrank, in einem luftdichten Behälter oder mit Frischhaltefolie bedeckt, bis zu drei Tage.

Quiche Lorraine ist der Klassiker unter den französischen Tartes, und ihre Füllung besteht traditionell aus Räucherspeck und Zwiebeln in einer cremigen Eimasse. Auch wenn sich einigen Puristen die Haare sträuben werden – ich füge gerne Mais und Cheddar für noch mehr Geschmack hinzu, aber natürlich kann man diese Zutaten auch weglassen.

Quiche Lorraine

Für den Teig

90 g Butter, gekühlt
190 g glutenfreies Mehl, gesiebt, zzgl. etwas zum Bestäuben
1 Eigelb
1 EL Frischkäse
¼ TL Salz
1 TL zerstoßener schwarzer Pfeffer
1–2 EL Milch (optional)

Für die Füllung

1 große Zwiebel
240 g durchwachsener Speck
1 EL Olivenöl
3 Eier zzgl. 2 Eigelb
300 g Crème double
140 g abgetropfte Maiskörner aus der Dose
60 g Cheddar, gerieben
Meersalz und frisch gemahlener schwarzer Pfeffer

Tarteform mit Hebeboden (30 × 20 cm), eingefettet

Antihaftbackpapier

getrocknete Hülsenfrüchte zum Blindbacken

Ergibt 8 Portionen

Für die Füllung die Zwiebel schälen und in dünne Scheiben schneiden. Den Speck in feine Streifen schneiden. Das Öl in eine Bratpfanne geben und die Zwiebelringe bei mittlerer Hitze dünsten. Sobald sie beginnen, weich zu werden, den Speck hinzufügen und braten, bis er an den Rändern leicht goldbraun wird. Vom Herd nehmen und abkühlen lassen.

Für den Teig die Butter mit den Fingerspitzen in das Mehl einarbeiten, anschließend Eigelb und Frischkäse hinzufügen und mit Salz und Pfeffer würzen. Alles vermengen und zu einer weichen Kugel formen. Wenn der Teig zu trocken ist, 1–2 EL Milch hinzufügen. Den Teig in Frischhaltefolie wickeln und 1 Stunde im Kühlschrank ruhen lassen.

Anschließend auf einer bemehlten Arbeitsfläche ausrollen und die vorbereitete Tarteform damit auslegen. Den Teig am Boden und Rand fest mit den Fingern andrücken und Überstand mit einem scharfen Messer abschneiden. Risse einfach mit abgeschnittenen Teigresten ausbessern. Den Boden mit einer Gabel einstechen und weitere 30 Minuten im Kühlschrank ruhen lassen.

Backofen auf 180 °C vorheizen.

Den Teigboden mit Antihaftbackpapier auslegen, mit getrockneten Hülsenfrüchten beschweren und 15–20 Minuten goldbraun backen. Aus dem Ofen nehmen und etwas abkühlen lassen. Backpapier und Hülsenfrüchte entfernen. Backofentemperatur auf 140 °C senken.

Eier, Eigelbe und Crème double verquirlen. Zwiebel-Speck-Mischung, Mais und Käse einrühren, die Masse mit Salz und Pfeffer würzen und auf dem Teigboden verteilen. Die Quiche in den Ofen stellen ungefähr 1 ½ Stunden backen, bis sich die Füllung leicht gesetzt hat, die Mitte aber noch etwas wackelig ist. Abkühlen lassen und anschließend bis zum Servieren kalt stellen.

Die Quiche hält sich im Kühlschrank, in einem luftdichten Behälter oder mit Frischhaltefolie bedeckt, bis zu zwei Tage.

Avocados werden meistens kalt in Salaten serviert, doch sie schmecken auch gebacken hervorragend. Damit sich die Avocadoscheiben später nicht verfärben, ist es sehr wichtig, sie bei der Zubereitung vollständig mit Zitronensaft zu bedecken. Diese Tarte ist sehr gehaltvoll und eignet sich perfekt für besondere Anlässe, zum Beispiel zu Weihnachten mit einem Glas Sekt oder Champagner.

Räucherlachs-Avocado-Tarte

Für den Teig
- 90 g Butter, gekühlt und gewürfelt
- 190 g glutenfreies Mehl, gesiebt, zzgl. etwas zum Bestäuben
- abgeriebene Schale von 1 unbehandelten Zitrone
- ¼ TL Salz
- 1 Eigelb
- 1 EL Frischkäse
- 1–2 EL Milch (optional)

Für die Füllung
- 2 kleine, reife Avocados
- Saft von 2 Zitronen
- 5 Eigelb
- 300 g Crème double
- 180 g Räucherlachs, in Streifen geschnitten
- frisch gemahlener schwarzer Pfeffer

Tarteform mit Hebeboden (Ø 25 cm), eingefettet

Antihaftbackpapier

getrocknete Hülsenfrüchte zum Blindbacken

Ergibt 8–10 Portionen

Für den Teig die Butter mit den Fingerspitzen in das Mehl einarbeiten, anschließend Zitronenschale, Salz, Eigelb und Frischkäse hinzufügen. Mit den Händen zu einem geschmeidigen Teig verarbeiten, wenn dieser zu trocken ist, 1–2 EL Milch hinzufügen. Den Teig in Frischhaltefolie wickeln und 1 Stunde im Kühlschrank ruhen lassen.

Den Teig auf einer bemehlten Arbeitsfläche zu einem Kreis ausrollen und die vorbereitete Tarteform damit auslegen. Den Teig am Boden und Rand fest andrücken, Überstand mit einem scharfen Messer abschneiden. Wenn der Teig reißt, ist dies kein Grund zur Sorge, man kann Risse einfach mit abgeschnittenen Teigresten ausbessern. Den Boden mit einer Gabel einstechen und weitere 30 Minuten im Kühlschrank ruhen lassen.

Backofen auf 180 °C vorheizen.

Den Teigboden mit Antihaftbackpapier auslegen, mit getrockneten Hülsenfrüchten beschweren und 15–20 Minuten goldbraun backen. Aus dem Ofen nehmen und etwas abkühlen lassen. Backpapier und Hülsenfrüchte entfernen. Backofentemperatur auf 110 °C senken.

Avocados für die Füllung schälen und Steine entfernen. In dünne Scheiben schneiden und gut mit Zitronensaft bedecken, damit sie nicht braun werden.

Eigelbe und Crème double in einer großen Rührschüssel vermischen, Avocados mit Zitronensaft und den Lachs hinzufügen. Mit Pfeffer abschmecken. (Zusätzliches Salz ist nicht nötig, da der Lachs salzig genug ist.) Die Masse auf dem Teigboden verteilen. Die Tarte in den Ofen stellen und ca. 1 ½ Stunden backen, bis sich die Füllung leicht gesetzt hat, die Mitte aber noch etwas wackelig ist. Abkühlen lassen und anschließend bis zum Servieren in den Kühlschrank stellen.

Die Tarte sollte am Tag ihrer Zubereitung gegessen werden, da sich die Avocados mit der Zeit verfärben.

Für die Gemüsefüllung
3 Karotten
2 Pastinaken
1 Steckrübe
50 g Butter
2 Lorbeerblätter
125 ml Weißwein
Salz

Für den Teig
90 g Butter, gekühlt
190 g glutenfreie Mehlmischung, gesiebt, zzgl. etwas zum Bestäuben
1 EL Frischkäse
60 g Cheddar, gerieben
¼ TL Salz

Für die Sauce
½ Zwiebel, fein gehackt
250 ml Weißwein
1 Lorbeerblatt
200 ml glutenfreie Gemüsebrühe
150 g Crème double
1 TL glutenfreier Dijonsenf
Meersalz und frisch gemahlener schwarzer Pfeffer

Für die Kartoffelhaube
550 g Kartoffeln, geschält
80 g Butter
120 ml Milch
2 Eigelb
3 EL Cheddar, gerieben

4 Tarteformen mit Hebeboden (Ø 13 cm und 3 cm hoch), eingefettet

Antihaftbackpapier

getrocknete Hülsenfrüchte zum Blindbacken

Spritzbeutel

Ergibt 4 Pasteten

Diese von luftigem Kartoffelpüree bedeckten Pasteten sind mit Gemüse und einer cremigen Weißweinsauce gefüllt.

Goldene Gemüsepasteten

Für die Füllung Karotten, Pastinaken und die Steckrübe schälen und raspeln. Zusammen mit Butter, Lorbeerblättern, Wein und einer Prise Salz in einen Topf mit ausreichend Wasser geben, damit das Gemüse komplett bedeckt ist. Das Gemüse köcheln lassen, bis es weich ist, aber noch nicht zerfällt. Abschütten, Lorbeerblätter entfernen und abkühlen lassen.

Für den Teig die Butter mit den Fingerspitzen in den Teig einarbeiten. Frischkäse, geriebenen Käse und Salz hinzufügen. Alles vermengen und zu einer weichen Kugel formen. Wenn der Teig zu trocken ist, 1–2 EL Wasser hinzufügen. Den Teig in Frischhaltefolie wickeln und 1 Stunde im Kühlschrank ruhen lassen.

Den Teig in vier Portionen teilen. Eine Portion auf einer bemehlten Arbeitsfläche 2–3 mm dick ausrollen und eine Tarteform damit auslegen. Den Teig am Boden und Rand fest mit den Fingern andrücken und Überstand mit einem scharfen Messer abschneiden. Wenn der Teig reißt, kann man Risse einfach mit abgeschnittenen Teigresten ausbessern. Vorgang mit den restlichen Teigportionen und Tarteformen wiederholen. Die Teigböden mit einer Gabel einstechen und weitere 30 Minuten im Kühlschrank ruhen lassen.

Backofen auf 180 °C vorheizen. Teigböden mit Antihaftbackpapier auslegen, mit getrockneten Hülsenfrüchten beschweren und in 15–20 Minuten goldbraun backen. Aus dem Ofen nehmen und diesen abschalten. Die Teigböden 5 Minuten abkühlen lassen, Papier und Hülsenfrüchte entfernen und in den Formen vollständig erkalten lassen.

Für die Sauce Zwiebeln, Wein und das Lorbeerblatt in eine Pfanne geben und bei schwacher Hitze einkochen, bis der Wein ungefähr auf ein viertel des ursprünglichen Volumens reduziert ist. Gemüsebrühe dazugießen, weiterköcheln lassen, bis diese Flüssigkeit wiederum ungefähr um die Hälfte reduziert ist. Gekochtes Gemüse, Crème double und Senf hinzugeben, mit Salz und Pfeffer abschmecken. Einige Minuten köcheln lassen, bis die Sauce leicht eindickt, dann vom Herd nehmen und abkühlen lassen.

Für den Kartoffeldeckel die Kartoffeln 20 Minuten in Salzwasser weich kochen. Vom Herd nehmen, abgießen und mit einem Löffel durch ein Sieb passieren, damit keine Klümpchen im Kartoffelpüree bleiben. Während das Püree noch warm ist, Butter, Milch und Eigelbe hinzugeben und zu einem glatten Püree verrühren.

Backofen wieder auf 180 °C vorheizen. Teigförmchen mit der Gemüsemischung und Sauce bis fast zum Rand füllen. Kartoffelpüree in den Spritzbeutel füllen und oben auf die Pasteten spritzen. Mit einem Messer glatt streichen und die Pasteten mit geriebenem Cheddar bestreuen. Im vorgeheizten Backofen 20–25 Minuten backen, bis die Oberseite goldbraun sind. Die Pasteten äußerst vorsichtig aus den Formen lösen, da der Teig sehr brüchig ist. Sofort servieren.

Alternativ zu der beliebten französischen süßen Tarte Tatin ist dies eine herzhafte Variante mit Butternusskürbis und feurigem Chili. Köstlich schmeckt die Tarte warm aus dem Ofen, mit einem cremigen griechischen Joghurt und einem säuerlichen grünen Salat kombiniert.

Butternusskürbis-Tarte à la Tatin mit Chili

Backofen auf 180 °C vorheizen.

Kürbis halbieren und Kerne herauslöffeln. Kürbishälften in 2 cm dicke Scheiben schneiden (die Schale kann daran bleiben). Kürbisscheiben in eine Bratform setzen und mit Olivenöl beträufeln. Thymian, Knoblauch und Chili in die Form geben, mit Salz und Pfeffer würzen und ungefähr 40 Minuten im vorgeheizten Backofen rösten, bis der Kürbis weich ist und zu karamellisieren beginnt – er darf aber nicht zerfallen. Aus dem Ofen nehmen und leicht abkühlen lassen. Wenn die Tarte sofort im Anschluss gebacken werden soll, den Ofen angeschaltet lassen.

Für die Glasur Butter, Zucker und Essig in einem kleinen Topf erhitzen, bis eine dünne, sirupartige Flüssigkeit entsteht. Diese in die Tarteform gießen. Die gerösteten Chilis und Thymianzweige auf dem Boden der Form verteilen und die geschmorten Kürbisscheiben darauf kreisförmig anordnen.

Für den Teig Mehl mit Butter vermischen und mit Salz und Pfeffer würzen. Nach und nach die Milch hinzugeben (die genaue Menge an Milch hängt von der Absorptionsfähigkeit des verwendeten Mehls ab) und zu einem glatten Teig verarbeiten.

Backofen wieder auf 180 °C vorheizen.

Den Teig auf einer bemehlten Arbeitsfläche zu einem Kreis ausrollen, der etwas größer als die Tarte-Tatin-Form ist. Mithilfe eines Nudelholzes den Teigkreis vorsichtig auf die Kürbisscheiben heben und festdrücken, Überstand abschneiden. Eventuell entstandene Risse können mit den abgeschnittenen Teigresten ausgebessert werden. Die Tarte im vorgeheizten Backofen 20–25 Minuten backen, bis der Teig goldbraun ist. Aus dem Ofen nehmen, auf einen Teller stürzen und sofort servieren.

Für den Kürbisbelag
- 1 großer Butternusskürbis
- 80 ml Olivenöl
- 5 Thymianzweige
- 2 Knoblauchzehen, geschält und in Scheiben geschnitten
- 2 große rote Chilischoten, ganz
- Meersalz und frisch gemahlener schwarzer Pfeffer

Für die Glasur
- 30 g Butter
- 1 EL Zucker
- 1 EL Balsamicoessig

Für den Teig
- 150 g glutenfreies Mehl, gesiebt, zzgl. etwas zum Bestäuben
- 90 g Butter, gekühlt und gewürfelt oder 6 EL gehärtetes Pflanzenfett, gekühlt und gerieben (siehe Seite 11)
- 120 ml Milch
- Meersalz und frisch gemahlener schwarzer Pfeffer

Tarte-Tatin-Form (Ø 20 cm) oder gusseiserne Bratpfanne, eingefettet

Ergibt 4–6 Portionen

Die Verbindung aus Schmortomaten und cremigem Ziegenkäse zählt seit jeher zu den beliebtesten Geschmackskombinationen. Der knusprige Teig mit würzigem Parmesan macht diese kleinen Tartes zu idealen Snacks.

Schmortomaten-Tartelettes

Für den Teig
90 g Butter, gekühlt
190 g glutenfreie Mehlmischung, gesiebt, zzgl. etwas zum Bestäuben
50 g Parmesan, gerieben

Für den Belag
600 g Kirschtomaten am Stiel
4–5 Thymianzweige
2 EL Olivenöl
1 EL Balsamicoessig
½ EL Zucker
200 g cremiger Ziegenfrischkäse oder anderer Frischkäse
Meersalz und frisch gemahlener schwarzer Pfeffer

8 Minitarteförmchen mit Hebeboden (Ø 10 cm), eingefettet

Ausstecher, der etwas größer als die Tarteförmchen ist

8 Antihaftbackpapierquadrate

getrocknete Hülsenfrüchte zum Blindbacken

Ergibt 8 Tartelettes

Für den Teig die Butter mit den Fingerspitzen in das Mehl einarbeiten. Anschließend geriebenen Parmesan sowie 1 EL Wasser hinzufügen und mit den Händen zu einem geschmeidigen Teig verarbeiten. Wenn dieser zu trocken ist, weitere 1–2 EL Wasser hinzufügen. Den Teig in Frischhaltefolie wickeln und 1 Stunde im Kühlschrank ruhen lassen.

Nach der Ruhezeit den Teig auf einer bemehlten Arbeitsfläche 2–3 mm dick ausrollen und mit dem Ausstecher Kreise ausstechen, die etwas größer als die Tarteförmchen sind. Mit den Teigkreisen die Formen auslegen, Teig am Boden und Rand festdrücken und Überstand mit einem scharfen Messer abschneiden. Eventuell entstandene Risse mit überschüssigen Teigabschnitten ausbessern. Böden mit einer Gabel einstechen und weitere 30 Minuten im Kühlschrank ruhen lassen.

Backofen auf 180 °C vorheizen.

Die Teigböden mit Antihaftbackpapier auslegen, mit getrockneten Hülsenfrüchten beschweren und 10–15 Minuten goldbraun backen. Abkühlen lassen, aber den Backofen für die Tomaten angeschaltet lassen. Nach dem Abkühlen der Tartelettes Backpapier und Hülsenfrüchte entfernen.

Tomaten und Thymianzweige in eine Bratform geben und mit Öl und Balsamicoessig beträufeln. Zucker darüberstreuen und mit Salz und Pfeffer würzen. Die Tomaten im Ofen 15–20 Minuten schmoren, bis sie weich geworden sind und beginnen zu karamellisieren. Aus dem Ofen nehmen und abkühlen lassen.

Die Tartelettes erst kurz vor dem Servieren belegen. Dazu einen großen Löffel Frischkäse in jede Tarteform füllen, mit geschmorten Tomaten und kurzen Thymianzweigen belegen, mit den Röstsäften beträufeln und servieren. Unbefüllte Tartelettes halten sich in einem luftdichten Behälter bis zu drei Tage.

Meerfenchel ist ein grünes Küstenkraut, das hervorragend zu Fisch passt, da es nach salzigem Meer schmeckt. Für diese Tartelettes habe ich ihn mit einer Räucherlachsmousse und Wachteleiern kombiniert. Wenn man keinen Meerfenchel findet, kann man ihn durch Brunnenkresse ersetzen.

Lachs-Meerfenchel-Tartelettes

Zuerst die Wachteleier vorbereiten. Dazu Wasser in einer Pfanne zum Kochen bringen, die Eier vorsichtig hineinlegen und in 2 ½ Minuten weich kochen. Abgießen und in kaltem Wasser abschrecken, damit die Eier nicht nachkochen. Nach dem Abkühlen pellen und beiseitestellen.

Für den Teig Mehl und Maismehl in einer großen Rührschüssel vermischen. Butter mit den Fingerspitzen in die Mehlmischung einarbeiten, bis diese die Konsistenz feiner Semmelbrösel hat. Frischkäse, Eigelb und Zitronenschale hinzufügen und mit den Händen weiterverarbeiten. Wenn der Teig zu trocken ist, 1–2 EL Wasser hinzufügen. Den Teig in Frischhaltefolie wickeln und 30 Minuten im Kühlschrank ruhen lassen.

Backofen auf 180 °C vorheizen. Den Teig auf einer bemehlten Arbeitsfläche 2–3 mm dick ausrollen und mit dem Ausstecher 12 Kreise ausstechen. Teigreste nach Bedarf erneut ausrollen. Jede Vertiefung der Backform mit einem Teigkreis auslegen und mit den Fingerspitzen am Boden und Rand leicht andrücken. Eventuell entstandene Risse mit Teigresten ausbessern. Teigböden mit Antihaftbackpapier auslegen und mit getrockneten Hülsenfrüchten beschweren. Im vorgeheizten Backofen 8-12 Minuten goldbraun backen. Abkühlen lassen und anschließend Backpapier und Hülsenfrüchte entfernen.

Für die Mousse den Lachs mit Zitronensaft und frisch gemahlenem schwarzen Pfeffer in die Küchenmaschine geben und fein pürieren. Crème double hinzufügen und erneut pürieren, bis eine glatte Mousse entsteht. Bis zum Servieren in den Kühlschrank stellen.

Meerfenchel in kochendem Wasser 3 Minuten blanchieren und in Eiswasser abschrecken. Die weich gekochten Wachteleier halbieren.

Die Mousse in den Spritzbeutel geben und sternförmig in die Teigförmchen füllen. Anstatt mit einem Spritzbeutel kann man die Mousse auch mit einem Löffel verteilen. Einige Meerfenchelstränge oben auf die Mousseschicht legen. Zum Garnieren die Räucherlachsscheiben in Streifen schneiden und auf jedes Tartelette einen Streifen Lachs und ein halbes Wachtelei geben. Mit frisch zerstoßenem schwarzem Pfeffer würzen und sofort servieren.

Für den Teig
- 90 g glutenfreies Mehl, gesiebt, zzgl. etwas zum Bestäuben
- 40 g feines Maismehl
- 50 g Butter, gekühlt und gewürfelt
- 1 EL Frischkäse
- 1 Eigelb
- abgeriebene Schale von 1 unbehandelten Zitrone

Für die Lachsmousse
- 100 g Räucherlachs
- Saft von 1 Zitrone
- frisch gemahlener schwarzer Pfeffer
- 150 g Crème double

Zum Garnieren
- 50 g Meerfenchel
- 2 Scheiben Räucherlachs
- 6 Wachteleier
- frisch zerstoßener schwarzer Pfeffer

Muffinform mit 12 Vertiefungen, eingefettet

runde Ausstechform mit gewelltem Rand (Ø 8 cm)

12 Antihaftbackpapierquadrate

getrocknete Hülsenfrüchte zum Blindbacken

Spritzbeutel mit einer großen Tülle (optional)

Ergibt 12 Tartelettes

Dank der Cranberrys, dem süßen Apfelmus und der winterlichen Gewürze passt diese vorzügliche Pastete hervorragend in die Weihnachtszeit. So perfekt, wie dieser Teig gelingt, wird niemand vermuten, dass er glutenfrei ist.

Apfel-Cranberry-Schweinepastete

Für den Teig

300 g glutenfreies Mehl
2 TL glutenfreier Dijonsenf
1 TL Salz
140 g Schweineschmalz

Für die Füllung

200 g gewürfelter Räucherspeck
300 g Schweinehackfleisch
200 g frisches Bauchfleisch vom Schwein, Schwarte entfernt und sehr fein gehackt
1 TL gemahlener Piment
2 EL Apfelmus
Meersalz und frisch gemahlener schwarzer Pfeffer

Zum Garnieren

250 g frische Cranberrys
2 EL rotes Johannisbeergelee
Meersalz und frisch gemahlener schwarzer Pfeffer

Kuchenform mit Hebeboden (Ø 18 cm), eingefettet

Antihaftbackpapier

Ergibt 8 Portionen

Backofen auf 180 °C vorheizen.

Für den Teig zuerst Mehl in eine große Rührschüssel sieben, dann Senf und Salz hinzufügen. Schmalz in einer Pfanne mit 130 ml Wasser aufkochen. Anschließend vorsichtig auf die Mehlmischung gießen und mit einem Holzlöffel kräftig verrühren. Einige Minuten abkühlen lassen und, während der Teig noch warm ist, diesen in die Form geben und am Boden und Rand festdrücken, bis der Teig oben am Rand übersteht. Mit den Fingerspitzen den Rand wellenförmig andrücken.

Speck, Hackfleisch und Bauchfleisch in einer Schüssel mit Piment und Apfelmus vermengen. Gut mit Salz und Pfeffer würzen und die Masse in die mit Teig ausgelegte Form geben, dabei mit der Rückseite eines Löffels sehr fest-drücken. Die Füllung sollte bis knapp unter den Teigrand gehen (es kann sein, dass etwas übrig bleibt). Die Masse mit Antihaftback-papier abdecken und fest andrücken. Pastete im vorgeheizten Backofen 30 Minuten backen, anschließend Temperatur auf 150 °C senken und 2 Stunden weiterbacken, bis der austre-tende Fleischsaft klar ist. Abkühlen lassen.

Für die Garnitur Cranberrys mit Salz und Pfeffer in 100 ml Wasser köcheln lassen, bis sie weich sind und ihre Schalen aufbrechen. Die Beeren abgießen, etwas abkühlen lassen und anschließend auf die Pastete löffeln. Das Johannisbeergelee in einem Topf mit 1 EL Wasser erwärmen, bis das Gelee flüssig genug ist, dass man es gießen kann. Über die Cranberrys löffeln und abkühlen lassen.

Die Pastete hält sich im Kühlschrank in einem luftdichten Behälter bis zu drei Tage.

Die Füllung aus Steak, Pâté und Duxelles (Pilzfarce) – verfeinert mit einem Hauch Weinbrand – macht diese Pasteten zum Highlight für besondere Anlässe.

Beef Wellington

Getrocknete Pilze mit ausreichend kochendem Wasser bedecken, Sherry hinzugeben und ungefähr 20 Minuten einweichen lassen. Die Pilze abgießen, jegliche Flüssigkeit herauspressen und fein hacken. Butter in einer großen Pfanne zerlassen, frische und eingeweichte Pilze hinzufügen. Mit Trüffelsalz und frisch gemahlenem schwarzem Pfeffer würzen. Pilze dünsten, bis sie sehr weich sind und sich ihr Volumen verringert hat. Anschließend abkühlen lassen.

Zerstoßenen schwarzen Pfeffer auf die Steaks streuen und diese in einer heißen Grillpfanne ungefähr 30 Sekunden rundum scharf anbraten. Eine Küchenzange verwenden, damit auch die kurzen Seiten versiegelt werden können. Anschließend aus der Pfanne nehmen und auf einem Teller abkühlen lassen. Mit Weinbrand bestreichen und bis zur Weiterverarbeitung abkühlen lassen.

Für den Teig in einer großen Rührschüssel Mehl mit Butter vermischen und mit Salz und Pfeffer würzen. Nach und nach ausreichend Wasser (ca. 120–150 ml) einarbeiten, bis ein geschmeidiger Teig entsteht.

Backofen auf 180 °C vorheizen.

Den Teig auf einer bemehlten Arbeitsfläche dünn ausrollen und zwei Kreise von ca. 17 cm Durchmesser, sowie zwei Kreise von ca. 20 cm Durchmesser ausschneiden (dies gelingt am einfachsten, indem man um entsprechend große Teller schneidet). Teigreste abtrennen und mit einem scharfen Messer Dekoblättchen ausschneiden, um die Pasteten damit zu garnieren.

Die zwei kleineren Teigkreise auf das vorbereitete Backblech legen. Einen Löffel Pilzfarce in die Mitte dieser Teigkreise geben und die Steaks daraufsetzen. Die Pâté in zwei Stücke schneiden und jeweils auf ein Steak legen. Mit einem Messer auf dem Steak glatt streichen. Pâté mit der restlichen Pilzfarce bedecken und fest andrücken.

Die unbedeckten Ränder der kleinen Teigkreise mit ein wenig kaltem Wasser befeuchten. Die größeren Teigkreise vorsichtig auf die Steaks und Pilze legen und mit den Händen glatt drücken, damit sie die Füllung vollständig bedecken. Die Teigränder zum Versiegeln mit den Fingern zusammendrücken. Überstand abschneiden.

Ei mit Senf verquirlen und mit einem Backpinsel auf die Oberseite der Pasteten streichen. Die ausgeschnittenen Teigblättchen auf die Pasteten legen (sollten sich kleine Risse im Teig gebildet haben, kann man diese gut damit kaschieren). Die Blättchen ebenfalls mit dem Ei-Senf-Mix bestreichen. Die Pasteten im vorgeheizten Backofen 20–25 Minuten backen, bis der Teig goldbraun ist. Sofort servieren.

Für die Duxelles (Pilzfarce)

25 g getrocknete Waldpilze
60 ml süßer Sherry
50 g Butter
50 g Pfifferlinge, fein gehackt
50 g Totentrompeten, fein gehackt
90 g braune Champignons, fein gehackt
Trüffelsalz (alternativ Meersalz und Trüffelöl) und frisch zerstoßener schwarzer Pfeffer

Für die Füllung

2 Filetsteaks (je ca. 125 g)
1 EL Weinbrand zum Bestreichen
100 g glutenfreie Schweinefleisch-Pâté mit Pilzen (fertig gekauft)
frisch zerstoßener schwarzer Pfeffer

Für den Teig

200 g glutenfreies Mehl zzgl. etwas zum Bestäuben
100 g Butter, gekühlt und gewürfelt oder 6 ½ EL gehärtetes Pflanzenfett, gekühlt und gerieben (siehe Seite 11)
Meersalz und frisch gemahlener schwarzer Pfeffer

Für die Glasur

1 Ei, verquirlt
2 TL glutenfreier Dijonsenf

Backblech, eingefettet und mit Antihaftbackpapier ausgelegt

Ergibt 2 Portionen

Bier enthält in der Regel Gluten, man kann aber mittlerweile auf eine gute Auswahl an glutenfreien Biersorten zurückgreifen, die sich hervorragend für diese Pastete eignen.

Rindfleisch-Bier-Pastete

Für die Füllung
1 Zwiebel
1 Knoblauchzehe
2–3 EL Olivenöl
700 g Rinderschmorbraten, gewürfelt
200 g Babykarotten, in Stücke geschnitten
1 Lauchstange, in Ringe geschnitten
200 g Pilze, geviertelt
500 ml glutenfreies Bier
200 ml glutenfreie Rinderbrühe
1 EL Maisstärke
60 ml Weinbrand
1 EL Tafelmeerrettich
Meersalz und frisch gemahlener schwarzer Pfeffer

Für den Teig
200 g glutenfreies Mehl zzgl. etwas zum Bestäuben
3 ¾ TL glutenfreies Backpulver
1 ¼ TL Xanthan
110 g Butter, gekühlt und gewürfelt oder 7 EL gehärtetes Pflanzenfett, gekühlt und gerieben (siehe Seite 11)
1 EL Tafelmeerrettich
150–250 ml Milch
1 Ei zum Glasieren, verquirlt

großer ofenfester Bräter mit Deckel
Pastetenform (Ø 26 cm)
Pastetenvogel/-schornstein

Ergibt 6 Portionen

Backofen auf 180 °C vorheizen.

Zwiebel und Knoblauchzehe schälen und in feine Scheiben schneiden. Die Hälfte des Öls im Bräter erwärmen, Zwiebel- und Knoblauchscheiben hinzufügen. Mit Salz und Pfeffer würzen und bei niedriger Temperatur dünsten, bis sie weich und goldbraun sind. Aus dem Bräter nehmen. Restliches Öl in den Bräter geben, das Fleisch portionsweise hinzufügen und auf allen Seiten anbraten. Mit Salz und Pfeffer würzen. Aus dem Bräter nehmen und Öl abgießen. Fleisch, Zwiebeln und Knoblauch zurück in den Bräter geben und Karotten, Lauch, Pilze, Bier und Brühe hinzufügen. Deckel auf den Bräter setzen und ungefähr 1 Stunde im vorgeheizten Backofen schmoren, bis das Fleisch zart ist.

Bräter aus dem Ofen nehmen und die Füllung auf dem Herd weiterköcheln lassen. Eine Suppenkelle Brühe entnehmen und mit der Maisstärke verrühren. Zusammen mit Weinbrand und Meerrettich unter Rühren in den Bräter geben. Aufkochen und rühren, bis die Sauce eingedickt ist. In die Pastetenform gießen und abkühlen lassen.

Für den Teig Mehl, Backpulver, Xanthan, Butter und Meerrettich in einer großen Rührschüssel vermischen. Nach und nach die Milch hinzugießen (je nach Absorptionsfähigkeit des verwendeten Mehls wird nicht die ganze Milch benötigt) und mit den Händen zu einem glatten, nicht klebrigen Teig verarbeiten.

Den Teig auf einer bemehlten Arbeitsfläche zu einem Kreis ausrollen, der etwas größer als die Pastetenform ist. Pastetenvogel in die Mitte der Form geben, Teig wie einen Deckel auf die Form legen und ein kleines Loch in die Mitte stechen, damit der Pastetenvogel aus dem Teig herausragt. An den Rändern der Form den Teig mit den Fingern fest andrücken. Aus den Teigresten Blättchen schneiden, die Pastete damit garnieren und die Oberseite der mit dem verquirlen Ei bepinseln. Im vorgeheizten Ofen 25–30 Minuten backen, bis der Teigdeckel goldbraun ist.

Am besten schmeckt die Pastete am Tag der Zubereitung, die Füllung kann jedoch im Voraus zubereitet und bis zu einen Monat eingefroren aufbewahrt werden.

Diese Pastete aus saftigem Wildbret, würzigen Wacholderbeeren und süßen Pastinaken ist ein wahrer Seelentröster für die kalte Jahreszeit.

Jägerpastete

Für die Füllung

- 25 g getrocknete Waldpilze
- 2–3 EL Pflanzenöl
- 1 Zwiebel, geschält und in dünne Scheiben geschnitten
- 500 g Wildfleisch aus der Keule ohne Knochen
- 250 g braune Champignons, geviertelt
- 75 cl Rotwein
- 200 ml glutenfreie Hühnerbrühe
- 5 Wacholderbeeren
- 1 Lorbeerblatt
- 5 Pastinaken, geschält und in 5 cm große Würfel geschnitten
- 1 EL Maisstärke
- Meersalz und frisch gemahlener schwarzer Pfeffer

Für den Teig

- 180 g glutenfreies Mehl
- 2 ¾ TL glutenfreies Backpulver
- 1 ¼ TL Xanthan
- 100 g Butter, gekühlt und gewürfelt oder 6 ½ EL gehärtetes Pflanzenfett, gekühlt und gerieben (siehe Seite 11)
- 6 Wacholderbeeren
- 150–180 ml Milch
- 1 Ei zum Glasieren, verquirlt
- Meersalz und frisch gemahlener schwarzer Pfeffer

ofenfester Bräter mit Deckel

4 kleine Pastetenformen, eingefettet

Ergibt 4 Pasteten

Getrocknete Pilze in einer kleinen Schüssel vollständig mit kochendem Wasser bedecken und 20 Minuten einweichen lassen. Die Pilze abgießen, jegliche Flüssigkeit aus ihnen herauspressen und mit einem scharfen Messer grob hacken.

Backofen auf 180 °C vorheizen.

Die Hälfte des Öls im Bräter bei niedriger Temperatur erwärmen. Zwiebeln hinzufügen, mit Salz und Pfeffer würzen und sanft weichdünsten. Zwiebeln aus dem Bräter nehmen und beiseitestellen. Wildfleisch in ca. 4 cm große Würfel schneiden und mit Salz und Pfeffer würzen. Restliches Öl im Bräter erhitzen und darin das Wild unter ständigem Rühren anbraten, bis es leicht goldbraun ist. Zwiebeln zurück in den Bräter geben, Champignons und Waldpilze hinzufügen. Rotwein und Brühe darübergießen. Wacholderbeeren im Mörser zerstoßen, mit dem Lorbeerblatt zusammen in den Bräter geben und ungefähr 5 Minuten köcheln lassen. Pastinaken hinzugeben und den Bräter für 45 Minuten in den vorgeheizten Backofen stellen. Temperatur auf 150 °C senken und weitere 1 ½ Stunden garen, bis das Fleisch zart ist. Aus dem Ofen nehmen und etwas abkühlen lassen. Den Backofen nicht ausschalten. Anschließend das Lorbeerblatt entfernen. Eine Suppenkelle Flüssigkeit aus dem Bräter entnehmen, mit der Maisstärke verrühren und zurück in den Bräter geben. Rühren, bis die Sauce eingedickt ist.

Für den Teig in einer großen Rührschüssel Mehl, Backpulver, Xanthan und Butter vermengen. Wacholderbeeren mit Salz und Pfeffer im Mörser zerstoßen und zur Mehlmischung geben. Nach und nach die Milch hinzufügen (u. U. wird nicht die ganze Milch benötigt) und zu einem glatten Teig verarbeiten.

Zwei Drittel des Teiges auf einer bemehlten Arbeitsfläche dünn ausrollen und die vier Pastetenformen so damit auskleiden, dass auch die Seitenwände bedeckt sind. Überstände abschneiden. Wildbretmischung auf die Pastetenformen aufteilen. Den restlichen Teig ausrollen, vier Teigdeckel ausschneiden, auf jede der Formen aufsetzen und mit den Fingern fest andrücken. Aus Teigresten Blättchen ausstechen und die Pasteten damit verzieren. Mit verquirltem Ei bepinseln und in jede Pastetenoberseite zwei Schlitze ritzen, damit beim Backen Luft entweichen kann. Im vorgeheizten Backofen 20–25 Minuten backen, bis der Teig goldbraun ist. Noch warm servieren.

Am besten schmecken die Pasteten am Tag der Zubereitung, die Wildfüllung kann auch im Voraus zubereitet und bis zu einem Monat tiefgekühlt aufbewahrt werden.

Aufläufe & Überbackenes

Dieses feurige Chili mit Polentakruste wird für original mexikanisches Flair mit Limette und Koriander abgeschmeckt. Es ist ein vollwertiges Gericht, und man braucht als Beilage nur etwas saure Sahne und Guacamole. Beim Kauf der Bohnen-Chili-Sauce darauf achten, dass sie wirklich glutenfrei ist.

Chili con Carne mit Polentakruste

Backofen auf 180 °C vorheizen.

Zwiebel und Knoblauchzehen schälen und fein hacken. Die Hälfte des Olivenöls in einer hohen Pfanne bei niedriger Temperatur erwärmen. Zwiebeln und Knoblauch hinzufügen, mit Salz und Pfeffer würzen und dünsten, bis sie weich und goldbraun sind. Sollten die Zwiebeln zu dunkel werden, etwas Wasser angießen. Zwiebeln und Knoblauch aus der Pfanne nehmen und beiseitestellen.

Das restliche Öl hinzufügen und anschließend das Hackfleisch darin anbraten. Aus der Pfanne nehmen und ausgetretenes Fett abgießen. Hackfleisch, Zwiebeln und Knoblauch zurück in die Pfanne geben. Tomaten, Kidneybohnen mit Sauce, Tomatenmark, Weinbrand, Schokolade und Paprikapulver hinzufügen und 10 Minuten sanft köcheln lassen.

Chili in die Auflaufform geben und im vorgeheizten Backofen 45 Minuten schmoren, bis die Sauce eingedickt ist. Auflaufform aus dem Ofen nehmen, diesen aber nicht ausschalten.

Für die Kruste den Polentagrieß mit 1 l Wasser in einen Topf geben und köcheln lassen, bis die Polenta dickflüssig ist und das ganze Wasser aufgesogen hat (dies sollte ca. 3–5 Minuten Zeit in Anspruch nehmen). Koriander, Limettenschale und Crème fraîche einrühren und mit Salz und Pfeffer würzen.

Polenta über das Chili löffeln und mit geriebenem Käse bestreuen. Im Ofen 25–30 Minuten backen, bis die Polentakruste goldbraun ist. Sofort mit saurer Sahne und Guacamole servieren.

Für das Chili
1 Zwiebel
1–2 Knoblauchzehen
1–2 EL Olivenöl
750 g mageres Rinderhackfleisch
1 Dose Kirschtomaten oder stückige Tomaten (400 g)
1 Dose Kidneybohnen in Chilisauce (400 g)
70 g Tomatenmark
60 ml Weinbrand
30 g Zartbitterschokolade, gehackt
1 TL scharfes, geräuchertes Paprikapulver
Meersalz und frisch gemahlener schwarzer Pfeffer

Für die Polentakruste
250 g Instant-Polenta
2 EL frisch gehackter Koriander
abgeriebene Schale von 1 unbehandelten Limette
30 g Crème fraîche oder saure Sahne
80 g Cheddar, gerieben
Meersalz und frisch gemahlener schwarzer Pfeffer

Zum Servieren
saure Sahne
Guacamole (Avocado-Dip)

ofenfeste Auflaufform

Ergibt 6–8 Portionen

Die für diese Lasagne verwendete Pasta ist natürlich glutenfrei. Das Rezept dazu sollte man daher unbedingt in seinem Repertoire haben.

Lasagne

Für die Fleischsauce
1–2 EL Olivenöl
1 Zwiebel, fein gehackt
1 Knoblauchzehe, fein gehackt
1 Karotte, geraspelt
750 g mageres Rinderhackfleisch
200 g passierte Tomaten
1 Dose stückige Tomaten (400 g)
2 Lorbeerblätter
70 g zweifach konzentriertes Tomatenmark
60 ml Weinbrand
250 ml Rotwein
125 ml glutenfreie Gemüsebrühe

Für die Käsesauce
50 g Butter
1 EL Maisstärke
500 ml Milch, erwärmt
200 g Cheddar, gerieben
1 Prise Muskatnuss, frisch gerieben
Meersalz und frisch gemahlener schwarzer Pfeffer

Für die Pasta
115 g feines gelbes Maismehl
60 g Quinoamehl
3 Eier, verquirlt
½ TL Salz
glutenfreies Mehl zum Bestäuben

ofenfester Bräter mit Deckel

große feuerfeste Auflaufform

Silikonbackmatte (optional)

Ergibt 6–8 Portionen

Backofen auf 180 °C vorheizen.

Für die Fleischsauce Olivenöl im Bräter erwärmen, Zwiebeln und Knoblauch hinzufügen und dünsten, bis die Zwiebeln weich und goldbraun sind. Karotte hinzugeben und einige Minuten weiterdünsten, bis auch die Karottenraspeln beginnen, weich zu werden. Zwiebeln, Knoblauch und Karotten aus dem Bräter nehmen und beiseitestellen. Etwas Öl hinzufügen und das Hackfleisch anbraten. Aus dem Bräter nehmen und ausgetretenes Fett abgießen. Hackfleisch und Karotten-Zwiebel-Mischung zurück in den Bräter geben. Passierte Tomaten, stückige Tomaten, Lorbeerblätter, Tomatenmark, Weinbrand, Rotwein und Brühe hinzugeben und aufkochen lassen. Die Fleischsauce ca. 1 Stunde im vorgeheizten Backofen schmoren, bis sie eingedickt ist. Den Bräter aus dem Ofen nehmen und diesen ausschalten. Überschüssiges Fett mit einem Löffel von der Oberfläche abnehmen und die Fleischsauce abkühlen lassen.

Für die Käsesauce die Butter in einem Topf zerlassen, die Maisstärke einrühren und 1 Minute anschwitzen. Dann nach und nach die Milch hinzugießen, dabei ständig rühren, bis sich eine glatte Sauce ergibt. Drei viertel des Käses hinzufügen und unter stetigem Rühren schmelzen lassen. Mit Muskatnuss, Salz und Pfeffer abschmecken und abkühlen lassen.

Den Backofen wieder auf 180 °C vorheizen. Die Hälfte der Fleischsauce in die Auflaufform geben. Einen Topf mit Salzwasser zum Kochen bringen, damit die Pasta sofort nach ihrer Zubereitung gekocht werden kann.

Mais- und Quinoamehl vermischen und auf eine Silikonmatte oder eine saubere Arbeitsfläche sieben. Eine Mulde in der Mitte formen, Eier und Salz hineingeben. Mit den Fingerspitzen zu einem glatten Teig verarbeiten. Arbeitsfläche und ein Nudelholz großzügig bemehlen. Den Nudelteig in vier gleichgroße Teile schneiden. Großzügig mit Mehl bestäuben und jedes Viertel sehr dünn ausrollen. Aus dem Teig rechteckige Platten von ca. 8 × 15 cm zuschneiden. Teigplatten jeweils direkt nach dem Ausschneiden in das kochende Wasser geben und einzeln in 2 Minuten al dente kochen. Mit einem Schaumlöffel entnehmen, abtropfen lassen, und die Platten anschließend in die Form auf die Fleischsauce legen. Wiederholen, bis die Fleischsauce vollständig mit Nudelplatten bedeckt ist. Teigplatten gleichmäßig mit einer dünnen Schicht Käsesauce bedecken. Weitere Teigplatten kochen und auf die Käsesaucenschicht legen, bis diese vollständig bedeckt ist. Die restliche Fleischsauce gleichmäßig auf den Nudelplatten verteilen. Verbliebene Käsesauce darübergeben und den restlichen geriebenen Käse darauf verteilen. Etwas frisch geriebene Muskatnuss und zerstoßenen schwarzen Pfeffer auf die Lasagne streuen und diese im vorgeheizten Ofen 30–40 Minuten backen, bis der Käse goldbraun ist. Sofort servieren oder nach dem Backen bis zu zwei Tage einfrieren und zum Servieren aufwärmen.

Dieser Brotpudding wärmt an kalten Winterabenden von innen. Er ist sehr sättigend und reicht als komplettes Gericht. Ein Salat als Beilage dazu genügt.

Käse-Speck-Brotpudding

Backofen auf 180 °C vorheizen.

Butter, Milch und Crème double in eine Bratpfanne geben und bei schwacher Hitze erwärmen, bis die Butter zerlassen ist. Zum Abkühlen beiseitestellen.

Den Speck würfeln, in eine Bratpfanne geben und solange braten, bis Fett austritt und die Speckwürfel goldbraun sind. Die Zwiebel schälen, fein hacken, zum Speck in die Pfanne geben und weich dünsten. Maiskörner unterrühren und weitere 2–3 Minuten dünsten.

Brotscheiben vierteln und damit den Boden der Auflaufform in einer Schicht auslegen. Ein wenig der Speck-Mais-Mischung darüberlöffeln, gleichmäßig verteilen, anschließend eine weitere Schicht Brot darauflegen. Schicht für Schicht fortfahren, bis alle Zutaten verwendet sind. Die erkaltete Milchmischung mit Salz und Pfeffer würzen, anschließend die Eier unterrühren. Über die Brotfüllung gießen und mit geriebenem Käse bestreuen.

Im vorgeheizten Backofen 25–30 Minuten goldbraun backen und heiß servieren.

50 g Butter
300 ml Milch
300 g Crème double
180 g Speck in dicken Scheiben
1 Zwiebel
140 g abgetropfte Maiskörner aus der Dose
5 Scheiben glutenfreies Brot (hell oder dunkel)
4 Eier, verquirlt
85 g Cheddar, gerieben
Meersalz und frisch gemahlener schwarzer Pfeffer

ofenfeste Auflaufform (Ø 25 cm), eingefettet

Ergibt 4 Portionen

Zu diesen gefüllten Pfannkuchen hat mich mein Freund David Gibbs inspiriert, der die besten glutenfreien Pfannkuchen überhaupt zaubert.

Crespelle

Für die Tomatensauce
120 ml Olivenöl
1 Zwiebel, fein gehackt
1 Knoblauchzehe, in feine Scheiben geschnitten
2 Dosen ganze Tomaten (je 400 g)
Meersalz und frisch gemahlener schwarzer Pfeffer

Für die Béchamelsauce
50 g Butter
1 EL Maisstärke
250 ml Milch
2 Lorbeerblätter
200 g Crème double

Für die Füllung
250 g Blattspinat
250 g Ricotta
1 Prise Muskatnuss, frisch gerieben
Saft von 1 Zitrone
1 TL frisch abgeriebene Zitronenschale
50 g Parmesan, gerieben zzgl. etwas zum Bestreuen

Für die Pfannkuchen
80 g glutenfreies Mehl
2 Eier
1 TL Salz
Butter zum Herausbacken

ofenfeste Auflaufform

Ergibt 3–4 Portionen

Für die Tomatensauce das Olivenöl in einer großen Pfanne erhitzen, Zwiebeln und Knoblauch hinzufügen, mit Salz und Pfeffer würzen und 2–3 Minuten dünsten. Die Tomaten in eine große Schüssel geben und mit den Händen zu kleinen Stücken zerteilen. Tomatenstücke vorsichtig in die Pfanne zu den Zwiebeln schütten und dabei aufpassen, dass kein Öl aus der Pfanne spritzt. 2–2½ Stunden köcheln lassen, bis die Tomatensauce eingedickt und tiefrot ist. Abkühlen lassen.

Als Nächstes die Béchamelsauce zubereiten. Dazu die Butter bei schwacher Hitze in einer Pfanne zerlassen, die Maisstärke hinzufügen und anschwitzen. Milch nach und nach unter ständigem Rühren in die Pfanne gießen. Lorbeerblätter hinzufügen. Einige Minuten köcheln lassen, bis die Sauce eindickt. Crème double zugeben und weiterrühren, bis sich eine glatte weiße Sauce ergibt. Mit Salz und Pfeffer würzen und zum Abkühlen beiseitestellen. Lorbeerblätter entfernen.

Für die Füllung den Spinat in kochendes Salzwasser geben, bis die Blätter zusammenfallen. Abgießen und mit kaltem Wasser abschrecken, erneut abgießen und das restliche Wasser aus dem Spinat herauspressen. Mit einem scharfen Messer fein hacken und zusammen mit Ricotta in einer Schüssel verrühren. Kräftig mit Salz, Pfeffer, Muskatnuss, Zitronensaft und -schale abschmecken. Parmesan untermischen.

Für die Pfannkuchen in einer Rührschüssel Mehl, Eier, Salz und 200 ml Wasser zu einem dünnen Teig verrühren. Butter in einer Bratpfanne zerlassen und auf Boden und Rand verteilen, dann die überschüssige Butter abgießen. Eine Schöpfkelle Teig in die Pfanne geben und diese dabei hin- und herbewegen, damit der ganze Pfannenboden gleichmäßig mit einer dünnen Schicht Teig bedeckt ist. Pfannkuchen auf beiden Seiten goldbraun backen. Anschließend den Pfannkuchen auf einen Teller legen und den Vorgang wiederholen, bis der Teig aufgebraucht ist. Bei Bedarf jeweils etwas Butter hinzufügen.

Backofen auf 180 °C vorheizen. Ein wenig Ricottamischung auf einen Pfannkuchen streichen und diesen anschließend aufrollen. Vorgang mit allen weiteren Pfannkuchen wiederholen, bis die Füllung aufgebraucht ist. Einige Löffel Tomatensauce auf dem Boden der Auflaufform verteilen und die gerollten Pfannkuchen daraufsetzen. Restliche Tomatensauce darübergießen und anschließend mit der Béchamelsauce bedecken. Den geriebenen Parmesan und etwas schwarzen Pfeffer darüberstreuen. Im vorgeheizten Ofen 20–25 Minuten backen, bis der Käse goldbraun ist. Sofort servieren.

Obwohl ein Crumble in der angelsächsischen Küche ursprünglich eine Süßspeise ist, schmeckt er auch als herzhafte Variante unvergleichlich lecker. Wer nur wenig Zeit hat, kann bereits gekochtes Hühnchenfleisch und fertige glutenfreie Hühnerbrühe verwenden.

Hühnerfleisch-Pilz-Crumble

Für die Füllung
250 ml Weißwein
1 große Karotte, geschält und gehackt
1 Lauchstange, in Ringe geschnitten
1 Zwiebel, halbiert
2 Lorbeerblätter
1 TL schwarze, ganze Pfefferkörner
1 mittelgroßes Huhn (ca. 1,2 kg)
50 g Butter
250 g braune Champignons, geviertelt
3 Frühlingszwiebeln, fein gehackt
2 EL Maisstärke
400 g Crème double
1 EL glutenfreier körniger Senf
100 g Blattspinat
Meersalz und frisch gemahlener schwarzer Pfeffer

Für den Streuselbelag
120 g glutenfreie Haferflocken
80 g glutenfreies Mehl
¾ TL glutenfreies Backpulver
½ TL Xanthan
40 g feines Maismehl
100 g Butter, gekühlt
Meersalz und frisch gemahlener schwarzer Pfeffer

ofenfeste Auflaufform

Ergibt 4 Portionen

Wein, Karotte, Lauch, Zwiebel, Lorbeerblätter und Pfefferkörner in einen großen Topf geben und das Huhn im Ganzen hineinlegen. Topf mit kaltem Wasser auffüllen, bis das Huhn vollständig bedeckt ist. Zum Kochen bringen, anschließend Hitze reduzieren und 1 Stunde köcheln lassen, bis das Huhn gar ist. Huhn herausnehmen und die Brühe in eine Schüssel sieben – das Gemüse wird nicht mehr benötigt. Brühe bis zur Zubereitung des Spinats in den Kühlschrank stellen.

Nachdem das Huhn abgekühlt ist, die Haut entfernen, Knochen auslösen und das Fleisch in mundgerechte Stücke schneiden. Knochen und Haut entsorgen und das Hühnerfleisch bis zur Weiterverarbeitung in den Kühlschrank stellen.

Backofen auf 180 °C vorheizen.

Butter in einer Pfanne zerlassen, Pilze und Frühlingszwiebeln hinzufügen und ca. 3–5 Minuten dünsten, bis sie weich sind. Maisstärke zugeben und gut einrühren. Einige Minuten weiterdünsten, dann Crème double und 200 ml der aufgehobenen Brühe angießen. Mit Salz und Pfeffer würzen und köcheln, bis die Sauce eindickt. Senf und Hühnerfleisch hinzumischen, bis alles gut mit Sauce bedeckt ist. Mischung in eine ofenfeste Auflaufform geben.

Restliche Hühnerbrühe in einem Topf aufkochen, Spinat hineingeben und die Blätter in 2–3 Minuten zusammenfallen lassen. Spinat abgießen und Brühe wegschütten (oder kaltstellen und zu einem späteren Zeitpunkt verwenden). Spinat in kleinen Portionen gleichmäßig auf der Hühnerfleischmischung verteilen.

Für den Belag Haferflocken, Mehl, Backpulver, Xanthan und Maismehl vermischen. Die Butter mit den Fingerspitzen einarbeiten, bis große Streusel entstehen. Mit Salz und Pfeffer würzen. Streusel gleichmäßig über der Hühnerfleischfüllung verteilen und im vorgeheizten Backofen 25–30 Minuten goldbraun backen. Sofort servieren.

Gnudi sind Gnocchi ähnlich, aber leichter, da sie nicht aus Kartoffeln hergestellt werden. Die Gnudi können gut im Voraus zubereitet und dann – so wie hier, mit einer leichten Zitronensauce verfeinert und mit Parmesan überbacken – vor dem Servieren gekocht werden. Dazu passt am besten ein knackiger grüner Salat.

Gnudi-Auflauf

Für die Gnudi
500 g Blattspinat
250 g Ricotta
Schale und Saft von
1 unbehandelten Zitrone
1 Prise Muskatnuss, frisch gerieben
feines gelbes Maismehl
zum Bestäuben
Meersalz und frisch gemahlener
schwarzer Pfeffer

Für die Sauce
Saft von 2 Zitronen
50 g Butter
3 EL Parmesan, gerieben
zum Bestreuen
Meersalz und frisch gemahlener
schwarzer Pfeffer

ofenfeste Auflaufform

Ergibt 2 Portionen

Spinat in kochendes Salzwasser geben und einige Minuten blanchieren, bis die Blätter gerade beginnen zusammenzufallen. Abgießen und kurz mit kaltem Wasser abschrecken. Wenn der Spinat erkaltet ist, auf ein sauberes Geschirrtuch geben und überschüssiges Wasser fest herausdrücken. Der Spinat muss sehr trocken sein, damit die Gnudi nicht matschig werden, daher so viel Wasser wie möglich herauspressen. Spinat mit einem scharfen Messer sehr fein hacken.

In einer großen Rührschüssel den gehackten Spinat mit dem Ricotta vermischen. Mit Zitronenschale und -saft, Muskatnuss, Salz und Pfeffer würzen und gut vermengen. Etwas Spinatmischung nehmen und mit den Händen zu walnussgroßen Bällchen rollen. Die Gnudi jeweils leicht mit Maismehl bestäuben und auf einen großen Teller legen. Fortfahren, bis die gesamte Spinatmischung aufgebraucht ist. Sie sollte für etwa 16 Bällchen reichen. Gnudi mindestens 1 Stunde in den Kühlschrank stellen.

Vor dem Servieren den Ofen auf 180 °C vorheizen.

Wasser in einem Topf zum Kochen bringen, salzen und Hitze anschließend verringern, sodass das Wasser nur noch köchelt. Die Gnudi vorsichtig in das Wasser geben und ungefähr 2 Minuten ziehen lassen, bis sie an die Oberfläche steigen (am besten portionsweise). Anschließend mit einem Schaumlöffel herausnehmen, abtropfen lassen und in eine Auflaufform geben.

Zitronensaft und Butter unter Rühren in einem Topf erwärmen, bis sich eine glänzende Emulsion ergibt. Mit Salz und Pfeffer würzen. Sauce über die Gnudi gießen und mit geriebenem Parmesan bestreuen. Im vorgeheizten Backofen 3–5 Minuten überbacken, bis der Käse geschmolzen ist. Sofort servieren.

Süße Käsekuchen gehören ganz sicher zu den beliebtesten Süßspeisen der Welt. Diese eher ungewöhnliche würzige Variante schmeckt mindestens genauso gut. Mit langsam geschmorten Tomaten, frischem Basilikum und köstlichem Feta zaubert man ein echtes Stück Mittelmeer herbei. Der Käsekuchen ist sehr üppig und sollte in dünnen Scheiben mit grünem Salat serviert werden.

Käsekuchen mit Schmortomaten und Feta

Backofen auf 180 °C vorheizen.

Tomaten waschen, die Stielansätze aber nicht entfernen. In eine Bratform geben, mit Olivenöl beträufeln und mit Zucker, Salz und Pfeffer bestreuen. Im vorgeheizten Backofen 20 Minuten rösten, die Hitze dann auf 140 °C reduzieren und eine Stunde langsam schmoren lassen. Aus dem Ofen nehmen und in der Form abkühlen lassen.

Backofentemperatur auf 170 °C erhöhen.

Für den Kuchenboden die Haferkekse in einer Küchenmaschine zerkleinern oder in einen Plastikbeutel füllen und mit einem Nudelholz kleinwalzen. Zerkrümelte Kekse in eine große Rührschüssel geben und die zerlassene Butter unterrühren. Anschließend in die vorbereitete Springform geben und mit der Rückseite eines Löffels fest am Boden andrücken. Form in Frischhaltefolie wickeln und in eine große, zur Hälfte mit Wasser gefüllte Bratform stellen. Das Wasser sollte bis zur Mitte der Springform reichen.

Für die Füllung Crème fraîche, Eier, Frischkäse und Mehl verrühren. Die Hälfte der geschmorten Tomaten sowie ihren Saft und Öl aus der Pfanne zur Käsemischung geben. Gehacktes Basilikum und Feta hinzufügen. Unterziehen, bis alles gleichmäßig vermischt ist und anschließend mit Salz und Pfeffer würzen. Die Mischung auf den Haferkeksboden geben. Restliche Tomaten auf der Oberseite des Käsekuchens verteilen – zur Dekoration können einige Stielansätze an den Tomaten belassen werden. Die Springform in ihrem Wasserbad in den vorgeheizten Backofen stellen und 1–1 ½ Stunden backen, bis die Oberseite goldbraun, die Mitte aber noch etwas wackelig ist. Die Springform mit dem Käsekuchen aus dem Wasserbad nehmen und abkühlen lassen. Anschließend mindestens 3 Stunden, besser aber über Nacht, in den Kühlschrank stellen. Der Käsekuchen hält sich gekühlt bis zu drei Tage.

Für die Füllung

600 g Kirschtomaten
Olivenöl zum Beträufeln
2 TL Zucker
600 g Crème fraîche
4 Eier
600 g Frischkäse
2 EL glutenfreies Mehl, gesiebt
20 g frische Basilikumblätter, gehackt
200 g Feta, kleingehackt
Meersalz und frisch gemahlener schwarzer Pfeffer

Für den Kuchenboden

250 g glutenfreie Haferkekse (siehe Rezept auf Seite 76 oder fertig gekauft)
125 g Butter, zerlassen

Springform (Ø 25 cm), eingefettet und mit Antihaftbackpapier ausgelegt

Ergibt 12 Portionen

Herzhafte heiße Puddings gehören in England zu den absoluten Seelentröstern. Der glutenfreie Teigmantel ist weder krümelig noch trocken und gelingt perfekt.

Englischer Steak- und Nierenpudding

Für die Füllung

1 Zwiebel, in feine Scheiben geschnitten
1–2 EL Olivenöl
450 g Rindergulasch
50 g Ochsennieren, gehackt
150 ml mittelsüßer Sherry
120 ml glutenfreie Rinderbrühe
100 g Babykarotten, in Stücke geschnitten
3 Pilze mit offenem Hut, geviertelt
1 EL Maisstärke
Meersalz und frisch gemahlener schwarzer Pfeffer

Für den Teigmantel

210 g glutenfreies Mehl zzgl. etwas zum Bestäuben
3 TL glutenfreies Backpulver
1 ½ TL Xanthan
100 g Butter, gekühlt und gewürfelt oder 6 ½ EL gehärtetes Pflanzenfett, gekühlt und gerieben (siehe Seite 11)
2 TL glutenfreier Dijonsenf
½ TL Salz
240 ml Milch

großer ofenfester Bräter mit Deckel

Puddingform für 900 ml, eingefettet

Antihaftbackpapier

Alufolie

Küchengarn

Dreifuß oder tiefer Teller

Ergibt 4 Portionen

Backofen auf 180 °C vorheizen.

Zwiebeln mit Olivenöl in einem Bräter bei schwacher Hitze anschwitzen, mit Salz und Pfeffer würzen und dünsten bis sie goldgelb sind. Aus dem Bräter nehmen und beiseitestellen. Noch etwas Öl hinzugeben und das Rindfleisch rundum hellbraun anbraten. Nieren hinzufügen und 2–3 Minuten unter stetigem Rühren weiterbraten. Sherry angießen, einige Minuten köcheln lassen. Anschließend gedünstete Zwiebeln, Brühe, Karotten sowie Pilze hinzufügen und mit Salz und Pfeffer würzen. Deckel auf den Bräter setzen und etwa 1 Stunde in den vorgeheizten Backofen stellen, nach 30 Minuten die Temperatur auf 170 °C reduzieren. Bräter aus dem Ofen herausnehmen, ein paar Löffel Bratensaft entnehmen und mit der Maisstärke verrühren. Zurück zum Fleisch gießen und verrühren, um die Sauce anzudicken. Anschließend abkühlen lassen.

Für den Teig in einer großen Rührschüssel Mehl, Backpulver, Xanthan, Butter, Senf und Salz vermischen. Nach und nach die Milch einarbeiten, bis ein weicher, aber nicht klebriger Teig entsteht (u. U. wird nicht die ganze Milch benötigt). Den Teig auf einer bemehlten Arbeitsfläche zu einem Kreis von ca. 26 cm Durchmesser und 8 mm Dicke ausrollen. Ein Viertel aus dem Kreis ausschneiden und beiseitelegen. Die Schnittränder des Kreises, wo das Viertel ausgeschnitten wurde, mit etwas Wasser anfeuchten und den Teig in die vorbereitete Puddingform drücken. Durch ihre spezielle Form sollten die zwei Schnittränder ein wenig überlappen und können nun zusammengedrückt werden. Das restliche Teigviertel auf einer bemehlten Arbeitsfläche zu einem Kreis ausrollen, der so groß wie die Öffnung der Puddingform ist. Die abgekühlte Fleischmischung in die Form füllen. Den oberen Rand des Teigs mit etwas Wasser anfeuchten, anschließend den ausgerollten Teigkreis als Deckel auf die Form setzen und die Ränder mit den Fingern zusammendrücken, um den Pudding zu versschließen.

Eine Doppelfalte in die Mitte eines Bogens Antihaftbackpapier falten und das Papier auf die Puddingform legen (durch die Doppelfalte hat der Teig Platz zum Aufgehen). Das Backpapier mit Küchengarn unterhalb des Formrandes festschnüren, Überstand abschneiden. Alufolie genauso falten und die Form damit bedecken. Nochmals mit Küchengarn umwickeln und über der Form mit dem Garn eine Trageschlaufe knoten, um sie damit anheben zu können.

Einen Dreifuß auf den Boden eines großen Topfs mit Deckel geben und Topf etwa halb mit Wasser füllen. Die Puddingform in den Topf stellen – das Wasser sollte dabei bis zur Hälfte der Puddingform reichen. Deckel auf den Topf setzen und den Pudding auf dem Herd 3 Stunden dampfgaren. Anschließend mit der Trageschlaufe aus dem Topf heben und einige Minuten abkühlen lassen. Alufolie und Backpapier entfernen. Pudding mit einem Messer behutsam von den Seitenwänden der Form lösen, vorsichtig auf einen Teller stürzen und sofort servieren.

Tarte flambée habe ich immer gegessen, wenn ich mit meiner Familie ins Elsass gereist bin. Belegt mit Speck und Ziegenkäse und mit Honig beträufelt ist es die perfekte Kombination aus süß und herzhaft. Trüffelhonig schmeckt dabei am besten. Wenn man jedoch keinen hat, eignet sich auch jeder andere flüssige Honig, vermischt mit ein paar Tropfen Trüffelöl.

Tarte flambée

Lauwarme Milch, Hefe und Zucker in einer Schüssel verrühren und etwa 10 Minuten quellen lassen, bis sich ein dicker Schaum auf der Flüssigkeit gebildet hat.

Mehl in eine große Rührschüssel sieben. Ei, Hefemischung, Salz und 60 ml Olivenöl dazugeben und mit den Händen zu einem geschmeidiger Teig verarbeiten. Eine Kugel formen, restliches Olivenöl in die Schüssel geben und den Teig darin rollen, bis er das gesamte Öl aufgenommen hat.

Die Teigkugel auf das vorbereitete Backblech legen und mit den Fingerspitzen oder einem Nudelholz zu einem sehr dünnen Rechteck von ca. 40 × 25 cm Größe ausziehen. Das Backblech ungefähr 1 Stunde an einen warmen Ort stellen, bis der Teig aufgegangen ist.

Backofen auf 180 °C vorheizen.

Speck würfeln und in einer Pfanne ohne zusätzliches Fett goldbraun braten. Zwiebel schälen und in sehr dünne Scheiben schneiden (am besten mit einem Gemüsehobel). Zwiebelscheiben zum Speck in die Pfanne geben und einige Minuten braten, bis sie weich sind. Anschließend etwas abkühlen lassen.

Crème fraîche mit einem Löffel auf den Teigboden geben und dünn ausstreichen. Speck-Zwiebel-Mischung darauf verteilen. Ziegenkäse in dünne Scheiben schneiden und die Tarte gleichmäßig damit belegen. Mit Honig beträufeln und im vorgeheizten Ofen 20–25 Minuten backen, bis der Teig knusprig und der Käse zerlaufen und goldbraun ist. Sofort servieren und auf Wunsch mit etwas zusätzlichem Honig beträufeln.

Für den Tarteboden

100 ml Milch, leicht erwärmt
1 ½ Pck. glutenfreie Trockenhefe
1 EL Zucker
250 g glutenfreie Mehlmischung für helle Brotsorten
1 Ei
½ TL Salz
80 ml Olivenöl

Für den Belag

250 g Speck in dicken Scheiben
1 kleine Zwiebel
250 g Crème fraîche oder saure Sahne
150 g Ziegenkäserolle
Trüffelhonig zum Beträufeln

großes Backblech, eingefettet mit Olivenöl und mit Antihaft-backpapier ausgelegt

Gemüsehobel (optional)

Ergibt 4 Portionen

Toad in the hole ist ein typisch englisches Gericht, bei dem Bratwürste in einem Eierteig gebacken werden. In diesem Rezept bereiten wir einen leichten und luftigen Brandteig dafür zu, der perfekt gelingt, und man merkt überhaupt nicht, dass diese Toads in the hole glutenfrei sind.

Toad in the hole

Für die Füllung
- 2 glutenfreie Bratwürste
- 1 kleiner süßer Apfel (z. B. Cox Orange)
- 1 kleine Zwiebel
- Olivenöl zum Beträufeln
- Meersalz und frisch gemahlener schwarzer Pfeffer

Für den Teig
- 65 g glutenfreies Mehl
- 50 g Butter
- 2 große Eier, verquirlt

Für die Zubereitung
- 60–80 ml Olivenöl

Backform für Yorkshire-Pudding mit 4 Vertiefungen

Spritzbeutel mit einer großen Tülle

Ergibt 2 Portionen

Backofen auf 180 °C vorheizen.

Die beiden Bratwürste quer teilen und zu vier Minibratwürsten drehen. Den Apfel nicht schälen, aber vierteln und das Kerngehäuse entfernen. Anschließend jedes Viertel in drei Scheiben schneiden. Zwiebel schälen und in schmale Spalten schneiden. Würstchen, Apfelscheiben und Zwiebelspalten in eine Bratform geben und mit Olivenöl beträufeln. Mit Salz und Pfeffer würzen und im Ofen 20 Minuten rösten, bis die Würstchen braun sind. Aus dem Ofen nehmen und beiseitestellen. Die Backofentemperatur auf 200 °C erhöhen.

Für den Teig Mehl zweimal hintereinander in eine große Rührschüssel sieben, um sämtliche Klümpchen zu beseitigen. Butter in einem Topf mit 150 ml Wasser erwärmen, bis die Butter geschmolzen ist, anschließend zum Kochen bringen. Das gesamte Mehl zügig und auf einmal hinzugeben, anschließend Topf vom Herd nehmen. Mit einem Holzlöffel so lange fest rühren, bis ein Kloß entsteht und dieser sich von den Seitenwänden des Topfs löst. Ca. 5 Minuten abkühlen lassen. Eier nach und nach mit einem Schneebesen unter die Teigmischung rühren. Es ergibt sich eine klebrige Masse, die ihre Form beibehält, wenn man sie mit dem Schneebesen anhebt.

Jeweils 1 EL Öl in die Mulden der Backform füllen und die Form 5 Minuten in den Ofen stellen, bis das Öl sehr heiß ist. In der Zwischenzeit den Teig in den Spritzbeutel füllen. Einen großen Teigring in das heiße Öl der Formmulden spritzen. Jeweils ein Würstchen, ein paar Apfelscheiben und Zwiebelspalten in die Mitte der Mulden füllen und im Ofen 25–30 Minuten backen, bis der Teig aufgegangen und knusprig goldbraun ist. Sofort servieren.

Dieser köstliche Gewürzkuchen passt ideal zu Tarka-Dal, einem würzigen indischen Brei aus Hülsenfrüchten.

Indischer Gewürzkuchen

Für den Gewürzkuchen Ondhwamehl, Maismehl und Natron in eine Rührschüssel sieben. Joghurt, Maisöl und 375 ml kaltes Wasser hinzufügen. Alles gut miteinander verrühren und beiseitestellen, bis das Gemüse zubereitet ist. Das Ghee in einer Bratpfanne zerlassen. Zwiebelscheiben und Chili darin anschwitzen. Salz, Zucchini- und Karottenraspel sowie grüne Bohnen hinzugeben und das Gemüse weich dünsten. Erbsen, Currypulver, Garam Masala, Kreuzkümmelsamen und Kurkuma hinzufügen und solange dünsten, bis die Gewürze zu duften beginnen. Koriander und Lime Pickle hinzugeben, vom Herd nehmen und etwas abkühlen lassen. Das gewürzte Gemüse in die Mehl-Joghurt-Mischung geben.

Backofen auf 180 °C vorheizen.

In einer zweiten Pfanne Ghee zerlassen, Nelken, Zimtstange, Schwarzkümmelsamen und Curryblätter hinzugeben und einige Minuten behutsam anrösten, bis die Samen leise zu knistern beginnen. Nelken und Zimtstange herausfischen, die Ghee-Mischung in die vorbereitete Kuchenform geben und diese zum Erhitzen in den vorgeheizten Backofen stellen. Sobald die Ghee-Mischung heiß ist, die Form aus dem Ofen nehmen und den Kuchenteig in das heiße Ghee löffeln. Mit Sesamsaat bestreuen. Die Backform zurück in den Ofen stellen und 30–40 Minuten backen, bis der Kuchen goldbraun ist und auf Fingerdruck zurückspringt.

Für das Dal die roten Linsen, Zwiebelwürfel und 1 l Wasser in einen großen Topf mit dickem Boden geben und bei niedriger Temperatur erwärmen. Garam Masala, Kurkuma, Chilischoten, Tomaten, Bockshornklee und Ingwer hinzufügen und ca. 30–45 Minuten köcheln lassen, bis die Linsen weich sind und einen Großteil des Wassers aufgesogen haben. Kokosnussmilch hinzufügen, mit Salz und Pfeffer abschmecken und weitere 30 Minuten köcheln, bis die Linsen eindicken und eine sämige Konsistenz bekommen.

Für das Tarka in einer Bratpfanne das Ghee zerlassen. Schwarzkümmelsamen, Knoblauch und Curryblätter hinzufügen und einige Minuten behutsam rösten, bis der Knoblauch goldgelb ist und die Kümmelsamen zu knistern beginnen. Das gesamte Tarka auf einmal in den Topf mit den Linsen geben (das Dal wird dabei zischen) und weitere 5 Minuten köcheln lassen. Sofort mit dem Kuchen servieren oder abkühlen lassen und zum Servieren aufwärmen. Das Dal hält sich im Kühlschrank bis zu drei Tage. Es kann aber auch eingefroren werden.

Für den Gewürzkuchen

- 450 g Ondhwamehl
- 140 g feines Maismehl
- 1 TL Natron
- 425 g Naturjoghurt
- 250 ml Maisöl
- 1 ¼ EL Ghee (geklärte Butter)
- 1 rote Zwiebel, in feine Scheiben geschnitten
- 1 rote Chilischote, fein gehackt
- 1 TL Salz
- 1 Zucchini, geraspelt
- 1 Karotte, geraspelt
- 150 g grüne Bohnen, fein gehackt
- 150 g tiefgekühlte Erbsen
- 1 EL scharfes Currypulver
- 1 EL Garam Masala
- 1 TL Kreuzkümmelsamen
- 1 TL gemahlene Kurkuma
- 1 kleiner Bund frischer Koriander, fein gehackt
- 1 EL indisches Lime Pickle (eingelegte Limettenstücke)

Für das Würz-Ghee

- 2 ½ EL Ghee
- 10 Gewürznelken
- 1 Zimtstange
- 1 EL Schwarzkümmelsamen
- 1 EL Curryblätter
- 1 EL Sesamsaat

Für das Dal

- 250 g rote Linsen
- ½ Zwiebel, fein gehackt
- 1 EL Garam Masala
- 1 ¼ TL gemahlene Kurkuma
- 2 ganze rote Chilischoten
- 1 Dose gehackte Tomaten (400 g)
- 1 TL Bockshornklee
- 2,5 cm Ingwerwurzel, in feine Scheiben geschnitten
- 400 ml Kokosnussmilch
- Meersalz und frisch gemahlener schwarzer Pfeffer

Für das Tarka (indische Würzmischung)

- 2 EL Ghee
- 1 EL Schwarzkümmelsamen
- 2 Knoblauchzehen, in feine Scheiben geschnitten
- 1 EL Curryblätter

Kastenbackform (30 × 20 cm), eingefettet und mit Antihaftbackpapier ausgelegt

Ergibt 6 Portionen

Register

Danksagung

Ein großes Dankeschön – wie immer – an meinen Verlag, Ryland Peters and Small, der es mir erlaubt hat, einen Nachfolger meines Glutenfrei-Backbuchs zu schreiben. Ganz besonderer bedanken möchte ich mich bei meiner wundervollen Freundin Julia Charles, die das Buch in Auftrag gegeben hat, Rebecca Woods für ihr erstklassiges Lektorat und Iona Hoyle für das wunderschöne Design. Meine Hochachtung geht an Bridget und Jack Sargeson für das großartige Foodstyling sowie an William Reavell für die fantastischen Fotos – vielen, vielen Dank! Weiterhin möchte ich meiner Agentin Heather Holden-Brown Dank für ihre unermüdliche Unterstützung aussprechen. Und zu guter Letzt möchte ich natürlich meiner Muse für dieses Buch danken, meiner Freundin Lucy Deakin, sowie all meinen wundervollen Freunden und meiner unschlagbaren Familie, die alle stets und ausnahmslos für mich da sind.